PENGE ER IKKE PROBLEMET, DET ER DU

GARY M. DOUGLAS & DR. DAIN HEER

ACCESS CONSCIOUSNESS PUBLISHING

Original titel: Money isn't the problem, you are
Anden udgave
Copyright © 2013 Gary Douglas og Dr. Dain Heer
Access Consciousness Publishing
www.accessconsciousnesspublishing.com
Først udgivet af Big Country Publishing i 2012.

Penge er ikke problemet, det er du
Copyright © 2023 Gary Douglas og Dr. Dain Heer
ISBN: 978-1-63493-581-4
Access Consciousness Publishing

Alle rettigheder forbeholdt. Ingen dele af denne udgivelse må gengives, gemmes i et arkivsystem eller videregives i nogen form eller på nogen måder, elektronisk, mekanisk, ved fotokopi, optagelse eller på anden måde uden forudgående skriftlig aftale fra udgiveren.

Forfatterne og udgiver af bogen påtager sig intet ansvar og stiller ingen garanti for noget fysisk, mentalt, emotionelt, spirituelt eller økonomisk resultat. Alle produkter, services og information, der stilles til rådighed af forfatteren, har alene generelle uddannelses- og underholdningsformål. Den information, der videregives i bogen, er på ingen måde en erstatning for medicinsk eller anden professional rådgivning. I tilfælde af, at du vælger at bruge noget af informationen i bogen selv, påtager forfatter og udgiver sig intet ansvar for dine handlinger.

Forsidedesign af: Katarina Wallentin
Forsidebillede: © Alexey Audeev istockphoto
Indvendigt design af: Anastasia Creatives
Indvendigt billede: © Khalus istockphoto

Oversat fra engelsk af Louise Scheel.

INDHOLDSFORTEGNELSE

Introduktion 5

Kapitel et: Penge, penge, penge 7

Kapitel to: Nogle gode værktøjer 27

Kapitel tre: Se din vision af, hvad du vil have, dit job skal være 42

Kapitel fire: Sådan håndterer du vanskelige personer 51

Kapitel fem: At give og modtage 65

Kapitel seks: Fejr din overflod 82

Til læserne 92

Ordliste 93

INTRODUKTION

Denne bog er skrevet til dem, der konstant har pengeproblemer, hvad enten det er at bruge for mange penge, ikke have nok eller at have for mange.

Jeg er Gary Douglas, grundlægger af Access, et system, der transformerer energi og giver folk værktøjer, de kan bruge til at fjerne begrænsninger og mangel på handlekraft og skabe nogle ret fantastiske og vidunderlige muligheder for dem selv. I denne bog deler jeg sammen med min ven og samarbejdspartner, Dain Heer, processer, værktøjer og synspunkter om penge, som du kan bruge til at ændre den måde, penge kommer ind i dit liv på.

Bogen er baseret på vores Access pengeseminar, som vi har holdt i byer over hele USA, Costa Rica, Australien og New Zealand. Vi begyndte at tilbyde et pengeseminar, fordi vi fandt ud af, at folk altid forsøgte at finde en løsning på det, de troede var deres pengeproblem.

Jeg har haft masser af såkaldte pengeproblemer selv, og jeg har taget så mange kurser om penge, at jeg blev skeløjet ved tanken om at tage endnu et pengekursus. Når det kom til stykket, ændrede ingen af de pengekurser, jeg tog, noget som helst ved mit forhold til penge.

Jeg havde stadig de samme "pengeproblemer" efter kurset. Mit forhold til penge begyndte at ændre sig, efterhånden som Access udviklede sig, og jeg opdagede nye synspunkter, som kunne bruges til at skabe et andet forhold til penge. I denne bog præsenterer Dain og jeg disse synspunkter og filosofierne bag dem, såvel som værktøjer og teknikker, du kan bruge til at håndtere din pengesituation, uanset hvordan den ser ud.

Gary Douglas
Santa Barbara

KAPITEL ET

PENGE, PENGE, PENGE

HAR DU ET PENGEPROBLEM?

Dain og jeg har en ven, som gerne ville tjene masser af penge.

Han sagde: "Jeg har et pengeproblem."

Jeg sagde: "Nej, det har du ikke."

Han sagde: "Jo, jeg har."

Jeg sagde: "Nej, du har ikke."

Til sidst spurgte han: "Hvad mener du?"

Jeg sagde: "Du har ikke et pengeproblem, du er bare ikke villig til at modtage."

Han sagde: "Det er ikke rigtigt."

Jeg sagde: "Jo, det er rigtigt. Jeg vil bevise for dig, at penge ikke er problemet. Jeg giver dig 5 millioner kroner skattefrit, hvis du går tilbage til der, du var, før du begyndte med Access, og bliver der."

Han sagde: "Aldrig i livet."

Det handler ikke om penge. Det gør det aldrig. Det handler om, hvad du er villig til at modtage. Hvis du er villig til at modtage livets frihed, så har penge ingen værdi for dig. Mange mennesker tror, penge er løsningen, men det er det ikke.

Penge er aldrig løsningen

Penge er aldrig løsningen, fordi penge aldrig er problemet. Hvis du prøver at bruge penge som en løsning, skaber du bare et nyt problem, du kan løse med de penge, du har eller de penge, du ikke har.

Løser penge dit problem?

Tænk over det et øjeblik. Vil penge løse dit problem – eller vil du? Det vil du. Hvordan gør du det? Du løser det, der lader til at være et pengeproblem, ved at stå ved og eje sandheden om, hvem du er. Hvad mener jeg med det?

For mange år siden var jeg i ejendomsbranchen. Jeg tjente over 600.000 kr. om året, og min kone tjente over 600.000 kr. om året. Vi klarede os godt. Vi var hotte. Vi var populære. Vi hang ud med de rige. Vi blev inviteret til fester og events i den rige del af byen. Vi mængede os med den sociale elite. Det var fantastisk.

Så tog min forretning et styrtdyk. Min indkomst faldt fra 600.000 kr. om året til 25.000 kr. Det hjalp selvfølgelig heller ikke, at betalingerne på mit huslån var 30.000 kr. om måneden, betalingerne på vores biler omkring 1.500 kr. om måneden, og vores børn gik i privatskoler til 90.000 kr. per barn om året.

Vi indgav alle former for konkursbegæringer, der eksisterer, mens vi gradvist mistede alt, hvad vi ejede. Alle vores venner i den rige del af byen havde ikke længere lyst til at være sammen med os.

Gæt engang, hvad er den eneste fordom i verden, som du ikke kan overvinde? Fattigdom. Ingen penge. Hvis du har masser af penge, er det ligegyldigt, hvilken race, hudfarve, tro eller religion du har, eller hvor vanvittig du er. Du er helt okay. Jeg siger til folk, at de skal være lige så mærkelige, som de i virkeligheden er. Bare sørg for at blive rig, så betragter folk dig bare som excentrisk, ikke skør.

Vi nåede til det punkt, hvor vi ikke havde nogen penge. Vores børn blev nødt til at gå ud af privatskolen. Vi mistede vores biler, vi mistede vores hus, vi mistede stort set alt, vi ejede. Jeg begyndte at arbejde for andre virksomheder, og jeg hadede det. Intet fungerede for mig, indtil jeg endelig indså, at det eneste valg, jeg havde, var at lave det her skøre, vanvittige noget, vi kalder for Access. Og så snart jeg begyndte at gå i den retning, begyndte alt at ændre sig. Er det ikke interessant?

Når du er ikke er villig til at stå ved, tage ejerskab over og stå ved alt, hvad du er, som det vanvittige, vidunderlige væsen du er – uanset hvor meget, du gerne vil kæmpe imod og reagere på det, uanset hvor meget du gerne vil slippe væk fra det – så underminerer du dig selv på alle måder, indtil du ikke længere har noget valg.

Er du villig til at opgive dit synspunkt om, at du ikke har noget valg og begynde at indse, at den måde, du skaber alt, du ønsker, er ved at være lige så vild, skør og underlig, som du virkelig er? Hold op med at lade, som om du er svag, bleg og uinteressant.

Folk tænker: "*Hvis jeg blev rig og havde alle de penge, jeg kunne ønske mig, så ville jeg holde op med at lave det, jeg gør, og leve et anderledes liv*". Men sådan fungerer det ikke.

Studier har vist, at når folk vinder i lotteriet, så vender de inden for et til to år tilbage til at have den samme økonomiske situation, som de havde, før de vandt. Selvom det er på et højere niveau, så har de samme grad af gæld, samme grad af begrænsninger og det samme økonomiske rod, som de havde, før de vandt pengene. Penge er aldrig løsningen.

Men hvis du gør det, der er sandt for dig, så er det lige meget, om du vinder i lotteriet. Hvis du vandt i lotteriet, ville det faktisk bare være en mulighed for at skabe flere af de fantastiske ting, du allerede ved, du kan skabe.

Problemet er at modtage, og du er løsningen

Det rigtige "pengeproblem" er, at du ikke er villig til at modtage dig i dit liv. Det største, du ikke er villig til at modtage, er, hvor fantastisk fænomenal du er. Penge er ikke problemet. Penge er ikke løsningen. Problemet er at modtage, og du er løsningen. Når du begynder at modtage, hvor fantastisk du virkelig er, begynder alt i dit liv at ændre sig – også din pengesituation. Hvis du er villig til at modtage, hvor fantastisk du virkelig er og tillade verden at se, hvor fantastisk du er, så vil verden give dig alt det, du virkelig ønsker. Din villighed til at opfatte og modtage dig selv på en anden måde er begyndelsen på at skabe det, du virkelig ønsker i livet. Det er det sted, du er nødt til at starte.

Hvad skal der til for, at jeg træder frem som mig i mit liv?

Nu er vi nok nået dertil, hvor du er frustreret over at blive fortalt, at du er fantastisk og vidunderlig. Okay, helt fint. Du ved det, og alligevel har du aldrig været i stand til at opnå det, du ønsker. Måske er du endda rasende og stiller spørgsmålet: *"Hvad skal der til for, at jeg træder frem som mig i mit liv?"*

Det er spørgsmålet, du er nødt til at stille, fordi universet er villig til at give dig et svar, hvis du er villig til at spørge og lytte til svaret.

Læs endelig videre. Gennem resten af bogen finder du værktøjer, teknikker og information, du kan bruge til at hjælpe dig med at træde frem i dit liv. Vi håber, du vil bruge dem og begynde at skabe det liv, du gerne vil have.

HAR DU BRUG FOR PENGE?

I modsætning til, hvad du måske har hørt, så er overflod den naturlige tilstand her på planeten Jorden. Se dig omkring, når du er i naturen, og du vil opdage, at alle de steder, hvor mennesker ikke gør deres bedste for at ødelægge den, der trives liv i overflod. Der er ikke noget sted, hvor der ikke findes en overflod af planter, dyr, fugle og insekter. Selv i såkaldte golde landskaber er der så meget liv, at det er svært at forestille sig. Hvis du holder op med at bruge en vej, selv en der er asfalteret, går der ikke lang tid, før der opstår revner, og ukrudt skyder frem. Snart vil vejen være fuldstændigt groet til og forsvinde. Universet er fabelagtigt mangfoldigt og rigt, og det er kun de steder, hvor mennesker tromler Jorden til med asfalt, at vi bliver afskåret fra at opleve naturens overflod. Kun hvor mennesker færdes, eksisterer goldhed eller fattigdom.

Det er fattigdomsbevidsthed, der afholder os fra at opfatte og opleve den kontinuerlige, naturlige tilstand af overflod. Fattigdomsbevidsthed afspejler ikke tingenes sande tilstand: Det er en mental tilstand, vi selv skaber. Det er det sted, vi fungerer ud fra, når vi siger til os selv: *"Jeg har ikke nok. Jeg kommer aldrig til at have nok. Uanset hvad der sker, så vil jeg aldrig have nok."* Der findes en million variationer over temaet: *"Jeg skal bare have nok til at overleve. Jeg har ikke brug for flere penge end det her for at klare mig."*

Det er det synspunkt, at mangel er mere virkelig end overflod. Det er ideen om, at det er mere ædelt at være fattigdomsramt end at være velhavende. Nogle mennesker tror rent faktisk, at fattigdom er moralsk overlegent. De er stolte af deres fattigdom. Dain fortæller om, hvordan hans familie plejede at sige: *"I det mindste har vi en god familie, og vi er glade. Folk, der har penge, er ikke glade."* Han siger, at han plejede at kigge på dem og sige til sig selv: *"De kan da ikke være mere ulykkelige end jer? Det tror jeg ikke på!"*

Ofte er mennesker med fattigdomsbevidsthed stolte over at være ramt af fattigdom. Eller de tror, de kun kan føle sig godt tilpas med mennesker, der befinder sig på samme socioøkonomiske niveau. De føler sig kun godt tilpas i selskab med mennesker, der er lige så fattige som dem selv: *"Jeg ville ikke føle mig tilpas i selskab med rige mennesker, for som du ved, så er rige mennesker anderledes."* Nå, okay. Prøv lige at se på den kategori, du har placeret dig selv i!

Fattigdomsbevidsthed er ikke en sindstilstand forbeholdt "fattige" mennesker. Rige mennesker kan også have den. For nylig var jeg til fest hos en milliardær, og det virkede, som om alle gjorde deres bedste for at nedgøre deres gartnere og hushjælp. De troede, at det at være rig betød, at man skulle nedgøre hushjælpen. *"Åh, det er så svært at finde god hjælp."* Nej, det er ej! Det er let at finde god hjælp, hvis du behandler folk godt. Selvom de har masser af penge, er de ikke villige til at modtage det fantastiske ved andre mennesker. De tror, de er nødt til at kontrollere deres ansatte og betale dem så lidt som muligt. Fattigdomsbevidsthed handler ikke om, hvor mange penge du har. Det handler om, hvordan du behandler dig selv og andre og den overflod, du er villig til at se i verden.

Ordene *at have brug for* (eng.) er helt centrale i fattigdomsbevidsthed. Ved du, hvad *at have brug for* betyder? Det betyder *at mangle*. Hver gang, du siger: *"Jeg har brug for,"* siger du: *"Jeg mangler"*. Hvis du siger: *"Jeg har brug for flere penge",* vil du hele tiden begynde at mangle flere og flere. Hvis du begynder at lægge mærke til det, du tænker og det, du siger, så vil du opdage præcis, hvordan du skaber den overflod – eller mangel på samme – der viser sig i dit liv.

Slå ordet *want* op i en engelsk ordbog. Det kan være, du er nødt til at slå op i en ældre ordbog; ordbøger fra før 1946 har de korrekte definitioner af ordene i det engelske sprog. Efter 1946 begyndte man at ændre definitionerne for at afspejle den dagligdags anvendelse af ordene. Hvis du slår ordet *want* op i en engelsk ordbog udgivet før 1946, vil du se, at der er flere definitioner af ordet *want*, som betyder *at mangle* og kun én, som betyder *at ønske*. *At ønske er at søge efter, at noget skal blive tilgængeligt i fremtiden.* Så selv med den definition har du stadigvæk et problem.

Lyt til folk, som i sandhed lever i overflod; de taler ikke om, *at de har brug for*. Det falder dem ikke ind at tale på den måde. De har ingen idé om, at mangel er en del af livet. Alt handler om at have det, få det, at gå efter det og at tillade det.

Der findes et gammelt ordsprog, der siger: *"Smid ikke væk, så skal du ikke mangle"* (eng. *Waste not, want not*). Hvis du anerkender, at det *at have brug for* betyder *at mangle*, og du lytter til, hvad du selv siger, så vil du indse, at du bruger det hele tiden. I stedet for at skabe ud fra *jeg har brug for flere penge*, så tillad dig selv at skabe fra *jeg har ikke brug for flere penge*. *Jeg har ikke brug for flere penge*, fordi hver gang du siger: *"Jeg har brug for flere penge,"* siger du faktisk: *Jeg mangler penge* – og det er præcis det, der dukker op i dit liv.

Prøv det her: Sig: *"Jeg har ikke brug for penge"* ti gange på dansk eller engelsk (eng. *"I don't wan't money"*).

Jeg har ikke brug for penge.

Jeg har ikke brug for penge.

Jeg har ikke brug for penge.

Jeg har ikke brug for penge.

Jeg har ikke brug for penge.

Jeg har ikke brug for penge.

Jeg har ikke brug for penge.

Jeg har ikke brug for penge.

Jeg har ikke brug for penge.

Jeg har ikke brug for penge.

Hvad skete der? Følte du dig lettere eller tungere af at sige: *"Jeg har ikke brug for penge?"* *Lettere* referer til en fornemmelse af udvidelse og muligheder og en større fornemmelse af rum omkring dig (Måske smilte eller lo du også). *Tungere* refererer til en fornemmelse af sammentrækning, færre muligheder og af, at noget tynger dig.

Hvis du er som de fleste mennesker, så føler du dig lettere ved at sige: *"Jeg har ikke brug for penge."* Hvorfor det? Fordi sandheden altid får dig til at føle dig lettere. En løgn får dig til at føle dig tungere. Sandheden om dig er, at du ikke mangler penge, og at sige det viser, at du er villig til at stå ved det. Du kan skabe mere modtagelse i dit liv ved at sige det ti gange hver morgen. Når andre folk siger: *"Jeg har brug for penge,"* kan du blot smile og sige: *"Jeg har **ikke** brug for penge!"*

BEKYMRER DU DIG OM PENGE?

Bekymrer du dig nogen gange over ikke at have penge nok? Hvornår var sidste gang, du bekymrede dig om det? Genkald dig følelsen. Har du den? Når du har den, så gør følelsen uendelig. Gør den lige så stor som universet. Gør følelsen større end universet. Ikke evig, men uendelig. Forestil dig, at du pumper følelsen op med en gigantisk luftpumpe, og at du pumper så meget luft i den, at den bliver større end universet, uden at det egentlig er noget, du behøver at tænke over eller gøre. Det er blot en bevidsthed, og det sker som regel lige så snart, du har bedt om det.

Hvad sker der med dine bekymringer om penge, når du gør dem uendelige? Bliver de mere fyldige og faste? Virker de mere virkelige? Eller falmer de og forsvinder? Hvis de forsvinder, hvilket er, hvad vi forventer, de vil gøre, så er de en løgn. Bekymringerne kan være noget, du tror er sandt, men de er det faktisk ikke. Du har købt noget som sandt, som ikke er det.

Tænk nu på nogen, du holder af. Gør den følelse uendelig, større end universet. Får den mere eller mindre fylde? Mere fylde? Er det ikke interessant? Når du tænker på, hvor meget du holder af en person og gør følelsen uendelig, vil du opleve, at den er endnu større, end du har været villig til at indrømme over for dig selv. Hvis du er villig til at indrømme, hvor meget du holder af en anden person, og du i sandhed var villig til at holde lige så meget af dig selv, hvor meget tror du så, du ville være villig til at modtage?

Når du gør følelsen af at holde af en anden person uendelig, får den mere fylde og bliver mere tilstedeværende. Den optager mere plads, end bekymringen gjorde. Da indser du, at du holder mere af andre mennesker, end du var klar over. Du siger måske: *"Jo, jo, jeg holder da af andre mennesker,"* men når du fylder det ud og gør det mere substantielt, kan du se, hvor meget du i virkeligheden holder af andre mennesker. Det er næsten, som om du har været bange for at holde for meget af andre.

Tænk på at have masser af penge

Tænk nu på at have masser af penge. Få følelsen af at have masser af penge. Gør den uendelig, større end universet. Bliver den mere fyldig eller mindre? Mere fyldig? Og når du tænker på ikke at have penge, når du siger: *"Åh nej, jeg er flad, det her har jeg ikke råd til,"* hvis du gør de følelser uendelige, større end universet, hvad sker der så med dem? De forsvinder.

Hvis du skaber noget baseret på en løgn, kan du så skabe noget sandt med det?

Er det ikke interessant? Vi har en tendens til at købe løgne som sandhed, som for eksempel: *"Jeg har ikke nogen penge,"* og så skaber vi vores liv baseret på de løgne. Hvis du forsøger at skabe noget baseret på en løgn, kan du så skabe noget sandt ud fra det? På ingen måde. Hvis du lyver for dig selv eller køber ind i falske synspunkter, skaber du begrænsninger, der ikke tillader dig at ekspandere ind i det, der er muligt med penge.

Nogle gange fortæller Dain historier om den del af hans familie, der syntes, de var heldige, hvis bare de havde penge nok til at få mad på bordet. Hans bedsteforældre voksede op under Depressionen, og nogle gange havde de ikke noget mad. Deres synspunkt var, at de var succesfulde, hvis de havde penge nok til at købe mad for. Dain købte det synspunkt som sandt, og han holdt fast på det, til han begyndte med Access. Han købte ideen om, at det at have nok penge til at købe mad var et mål for, at man var succesfuld. Da han begyndte med Access, indså han: *"Hov! Det er ikke sandt!"*

Kort efter han begyndte med Access og begyndte at se nogle andre muligheder i livet, kørte vi en tur sammen op til San Francisco for at holde et kursus. Vi skulle være der i tre dage, og Dain købte ti sandwiches med jordnøddesmør og marmelade, halvandet kilo studenterhavre og tre kasser müslibarer. Siden han ikke havde nogen penge, tænkte han, at det var den mad, han skulle spise, mens han var der.

På et tidspunkt under køreturen tog jeg et stort stykke tyggegummi i munden, tyggede på det i omkring ti minutter, spyttede det ud og tog et nyt stykke i munden. Det tyggede jeg på i ti minutter, spyttede det ud og tog et nyt stykke i munden. Jeg tyggede på det stykke i 20 minutter og tog et nyt stykke i munden. Dain sagde ikke noget, men han var ved at flippe ud, hver gang jeg tog et nyt stykke tyggegummi i munden.

Til sidst spurgte han: *"Hvorfor gør du det der?"*

Jeg sagde: *"Gør hvad?"*

Han sagde: *"Tygger det ene stykke tyggegummi efter det andet på den måde."*

Jeg sagde: *"Fordi jeg kun kan lide smagen i begyndelsen! Derefter bliver det kedeligt."*

Dain kom fra en familie, hvor man tyggede på et stykke tyggegummi i halvanden dag. Han havde aldrig overvejet muligheden for at gøre noget så ekstravagant med en pakke tyggegummi til ti kroner. Han havde aldrig overvejet, at han kunne have en anden standard for overflod. Det brød hele hans paradigme omkring ikke at have nok. Hans reaktion var: *"Vent lige en gang! Kan man gøre det?"*

De fleste af os køber ind i den slags løgne og begrænsninger, når vi vokser op. *"Det her er, hvad succes er,"* eller: *"Det her er, hvad jeg kan have (eller ikke kan have)."* For Dain var løgnen: *"Overflod er lig med at have nok mad på bordet."* Det var hans families synspunkt, og det var det synspunkt, han købte. Er det, hvad overflod er? Nej, selvfølgelig ikke. Da det gik op for ham, at han havde forsøgt at bygge sin økonomi op omkring en løgn, begyndte nye muligheder at dukke op.

I stedet for at drive dig selv til vanvid, når det drejer sig om penge – hvilket vi alle er rigtigt gode til, forresten – i stedet for at bekymre dig om penge eller leve i en tilstand af næsten-fattigdom, så begynd at indse, at dine bekymringer, overvejelser og overbevisninger om penge ikke er virkelige. Og når du indser, at de ikke er virkelige, køber du ikke længere ind i dem, og du holder op med at skabe dit liv baseret på noget, der ikke er virkeligt eller sandt.

Gør det større end universet

Brug denne øvelse for at komme ind til sandheden i ethvert emne. Når du gør ting større end universet, får det, der er sandt, mere fylde og bliver mere substantielt – det føles mere virkeligt, det optager mere plads og det, der er løgn, forsvinder. Det går væk. Du kan ændre det, der foregår med penge i dit liv ved at bruge dette simple værktøj – og skabe ud fra det, der er sandt for dig.

JEG HAR IKKE RÅD TIL DET

Har du nogen sinde sagt til dig selv: *"Jeg har ikke råd til det her?"* For flere år siden arbejdede jeg i en antikvitetshandler med at arrangere møblerne i butikken. De hyrede mig, fordi hver gang jeg rykkede rundt på møblerne, så solgte de noget, de havde haft stående på lageret i to år. De bad mig om at komme hver anden uge og møblere om i butikken.

Jeg tjente 250 kr. i timen, hvilket var ret gode penge på det tidspunkt. Jeg havde det job samtidigt med, hvad jeg ellers kunne finde på at lave for at forsørge min kone og børn. Butikkens ejere var glade for det, jeg gjorde for dem og sagde til mig: *"Ved du hvad? Alt, hvad du har lyst til at købe i butikken, giver vi dig til indkøbspris, og du kan få det lagt til side i så lang tid, du vil. Du kan få det, så snart du kan betale det af. Bare bliv ved med at arbejde for os."*

Det her var ikke en butik med billige antikviteter. Det var et sted med soveværelsesmøbler til 125.000 kr. De havde diamantringe til over 200.000 kr. Jeg kiggede på alt det og sagde: *"Hvem har råd til det her?"* Efter de sagde det til mig, kiggede jeg rundt i butikken og indså pludseligt, at jeg kunne få alt, de havde.

Det, vi tror, vi ikke kan få, bliver værdifuldt

Da jeg først havde indset, at jeg havde råd til alt, jeg ville have – det ville måske tage lidt tid, før jeg kunne tage det med hjem, men jeg havde råd til alt i butikken – gik det op for mig, at intet af det betød noget for mig. Jeg var blevet ligeglad. Det er de ting, vi tror, vi ikke har råd til, eller som vi tror, vi ikke kan få, der bliver værdifulde. Det bliver ikke værdifuldt, fordi det i sandhed har værdi, men fordi vi ikke kan få det. Vi gør manglen på det betydningsfuld. Så hver gang du siger: *"Jeg har ikke råd til det,"* siger du, at du ikke er det værd. *"Jeg har ikke råd til det"* betyder: *"Det her kan jeg ikke have."* Hvor mange gange har du besluttet, at du ikke havde råd til noget og lod dig nøjes med noget, som var mindre end det, du ønskede dig? Du har råd til alting. Der findes stort set ingen butikker i verden, der ikke vil lægge ting til side til dig.

For ikke så længe siden gik Dain og jeg ind i en pantelånerbutik. *"Få lagt til side nu,"* stod der på et skilt. Hele konceptet handlede om, at du kunne gå ind i butikken – og de havde ting derinde til en værdi af op til 125.000 kr. – og du kunne få lagt alt til side. Hvis du betaler det af over tid, kunne du få det hele. Spørgsmålet er, vil du virkelig have det?

Hvad vil jeg virkelig gerne have?

Øv dig på følgende: Gå ind i en butik, se dig omkring og sig til dig selv: *"Jeg kan få alt, jeg virkelig ønsker. Hvad vil jeg virkelig gerne have?"* Du kommer til at gå rundt og kigge på tingene og tænke: *"Nej. Nej. Den er pæn. Den er pæn. Den er pæn."* Og når du går ud igen, siger du: *"Ved du hvad? Der er intet derinde, som jeg virkelig gerne vil have."*

Det her vil jeg have i mit liv

Hvis du finder noget, du gerne vil have, så sig: *"Det her vil jeg have i mit liv,"* og gå ud igen uden at kigge på prismærket. Hvorfor skal du lade være med at kigge på prismærket? For hvis du gør det, skaber du en begrænsning omkring, hvad det kommer til at koste, og hvordan du ikke har råd til det. Hvis du ikke kigger på prismærket og bare siger: *"Det her vil jeg have i mit liv,"* skaber du en mulighed for, at universet kan lade det falde ned i skødet på dig på en måde, du aldrig har forestillet dig var mulig og til en pris, du er villig til at betale.

For nylig sagde min datter: *"Jeg kunne godt tænke mig en Gucci pung, far. De koster 1.500 kr."* Jeg sagde: *"Okay, det er fint. Lad os se, hvad der kan ske."*

Tre uger senere kom jeg forbi et loppemarked, og der var en Gucci pung til salg. Den kostede 20 kroner. Jeg antog, at det var en efterligning og tog den med hjem. Det viste sig at være den ægte vare.

HVIS DET IKKE HANDLEDE OM PENGE, HVAD VILLE DU SÅ VÆLGE?

Når du er ude for at købe noget, kan du fjerne fornemmelsen af *behov* og fornemmelsen af *ingen penge* ved at spørge dig selv: *"Hvis det ikke handlede om penge, hvad ville jeg så vælge?"* De fleste af os træffer valg baseret på, hvad vi tror, vi har behov for – og ikke kan få. Når du stiller dig selv spørgsmålet: *"Hvis det ikke handlede om penge, hvad ville jeg så vælge?"* fjerner det penge som grundlaget for dit valg.

Dain gik ud for at købe en printer. Han kiggede på flere forskellige modeller, og jeg spurgte ham: *"Hvis det ikke handlede om penge, hvad ville du så vælge?"*

Hans første tanke var: *"Altså, så ville jeg vælge den største!"* Den kostede 3.000 kr., hvilket var mere, end han havde råd til, men det var den, han troede, han ville købe, hvis det ikke handlede om penge. Men så begyndte han at kigge sig omkring og fandt en anden printer, der kunne næsten lige så meget som den til 3.000 kr. Den kostede 900 kr. Han sagde: *"Altså, hvis det ikke handlede om penge, så ville jeg vælge printeren til 900 kr."* Så snart han var sluppet af med: *"Jeg har behov for det her, men jeg kan ikke få det,"* indså han, at han kunne få alt, hvad han gerne ville til en langt bedre pris.

Ligesom Dain antager de fleste af os, at hvis det ikke handlede om penge, så ville vi købe det største og bedste. Når du fjerner penge som sagens kerne, indser du, at du egentlig ikke rigtigt vil have den store. Nogle gange er det bedste ikke det, du har brug for. For 900 kr. kan du få alt det, du har brug for.

I stedet for at antage, at hvis du havde det såkaldt *bedste*, ville du gøre mere, have mere og skabe mere, kan du bruge dette spørgsmål til at give dig en fornemmelse af, hvad dit personlige perspektiv er. Det gør det muligt for dig at se, hvad den sande værdi af noget er – for dig. Det river dig ud af det synspunkt, der siger, at: *"Jeg kan ikke have det her, fordi..."* Hvis dit personlige valg var det eneste kriterie for at vælge, hvad ville du så vælge? Du ville få det bedste for dig, omstændighederne for dit køb taget i betragtning.

Der er også tidspunkter, hvor du spørger: *"Hvis det ikke handlede om penge, hvad ville jeg så vælge?"* og du beslutter dig for at købe den dyreste ting – igen fordi du ikke gør penge til kriteriet. Du træffer valg baseret på, hvad der er bedst for dig.

ER DU VILLIG TIL AT BETALE SKAT?

Nogle folk har modstand mod at betale skat. De har besluttet, at de aldrig vil betale skat igen, og de gør, hvad de kan for at undgå det. Men det er en meget dårlig beslutning, fordi når de gør det, bliver de villige til at modtage færre penge.

For at have, må du være villig til at modtage alting, inklusive skatter. Hvis du ikke er villig til at betale skat, er du ikke villig til at have indkomsten. Personligt vil jeg gerne betale mere i skat. Hvis du er villig til at betale et vanvittig højt beløb i skat, kan du modtage vanvittigt mange penge.

Vi arbejdede med en mand, som var med i en gruppe, der var imod at betale skat. Deres holdning var, at det var ulovligt for IRS[1] at indkræve skatter. Deres synspunkt var, at IRS var en privat virksomhed, der havde fået overdraget rettighederne til at indsamle skatter, og eftersom det ikke var nævnt i Forfatningen, var det et ulovligt firma.

> Efter han fortalte os det, sagde jeg: *"Fint nok. Nu vil jeg fortælle dig noget om din indkomst. Efter du er begyndt at være med i den gruppe, er den halveret."*

---

[1] IRS står for *Internal Revenue Service* og svarer til SKAT i USA.

Fyren sagde: *"Wow, hvordan vidste du det?"*

Jeg svarede: *"Fordi du forsøger at gemme dig for myndighederne. Når du forsøger at gemme dig, betyder det, at du ikke tillader dig selv at modtage. Det er umuligt at forblive skjult og samtidig øge din indkomst."*

Skjuler du dele af dit liv? Alt det, du prøver at skjule, hvad angår skatter og skatteforhold og al den slags ting, vil du ødelægge og tilintetgøre alle de beslutninger og kræve og tage ejerskab over det, at du kan betale en hvilken som helst skat, du vælger? Det bedste forsvar er altid at være anstødeligt rig.

GÆLD VS. TIDLIGERE UDGIFTER

Nogle gange spørger folk mig om gæld, og hvor gæld kommer ind i billedet i denne her snak om penge. Har du nogensinde lagt mærke til, at gæld på engelsk *(debt)* lyder meget som død *(death)*? Vidste du, at det engelske ord for kreditlån *(mortgage)* kommer fra *mort*, der betyder død? Oprindeligt betød det: *"At sværge ved sit liv,"* eller at man var villig til at dø for det. Med andre ord: *"Jeg kommer til at arbejde for dette hus, indtil jeg dør,"* hvilket rent faktisk er det, de fleste mennesker gør.

Når du skal betale en gæld af, så tænk på, at du betaler af på tidligere udgifter i stedet for at tænke på dig selv som skyldner. Vi har alle haft mange livstider, hvor der eksisterede gældsfængsler, og vi kom i fængsel for at skylde penge væk. Du har tidligere udgifter at betale af på – ikke gæld.

Hvis du fungerer ud fra et synspunkt af *tidligere udgifter* i stedet for *gæld*, vil du begynde at rense ud i alt, der hører med til *gæld*. Hver gang du siger *gæld*, frembringer det alle minder fra alle de livstider, hvor du kom i gældsfængsel. Lad os blive fri for gæld.

KREDIT

Hvis du får kredit, så kan du være i gæld. Er det ikke fedt? Har du arbejdet for at blive kreditværdig, så du kan få en større gæld? Det er sådan, det fungerer. Hvis du ikke er kreditværdig, er du ikke værdig til gæld. Kreditværdig betyder, at du kan skylde flere penge væk. Hvor fedt er det lige?

Vi foreslår, at du ændrer dit perspektiv på kredit. Lad være med at forsøge at blive kreditværdig. Se i stedet efter overfloden af din kontantværdighed. Spørg: "Hvordan kan jeg øge flowet af kontanter? Hvad er de uendelige muligheder for, at en hulens masse kontanter kommer ind i mit liv?"

Folk har sagt til mig: "Åh, jeg har så meget gæld."

Jeg siger: "Okay, så du har al den gæld. Hvor meget mere ville du skulle tjene per måned for at betale det af?"

De siger: "Jeg aner det ikke. De månedlige afbetalinger på mit kreditkort er 3.000 kr."

Jeg siger: "Godt. Det betyder, at der vil gå 20 år, før du har den sag ude af verden!"

Hvis du betaler det mindste beløb, som du skylder på dit kreditkort, kan du så se, at den middag til 300 kr., du lige betalte med kortet, vil ende med at koste dig 1.500 kr.? Orv, hvorfor mon banker gerne vil have, du skal købe på kredit? Det er godt at betale, ikke? Glem det! Det er godt at lave penge. Det er det, som er godt.

Er du mere interesseret i, hvor sejt det er at have kreditkort, end hvor sejt det er at lave penge?

Nogle gange lægger jeg mærke til, at folk har en lang stribe kreditkort, når de åbner deres pung, og jeg spørger dem: "Hvorfor har du brug for dem?"

De siger: "Altså, jeg har en masse kredit. Se alle de ting, jeg kan købe."

Jeg siger: *"Du kan ikke købe en skid. Du har ikke nogen penge."*

De siger: *"Jo, jeg kan købe en masse ting."*

Jeg siger: *"Ja, men du har ikke nogen penge. Er du dum og sindssyg?"*

Jeg kendte engang en, som tog alle kreditkort ud af sin pung og gemte dem væk, så han ikke skulle bære rundt på sin gæld. God idé. Han sagde, at når han havde betalt gælden af på alle kortene, ville han langsomt, men sikkert lægge dem tilbage i pungen – hvis han er tosset nok til at gøre det til den tid.

Hvis du kan begynde at leve med kontanter og med de penge, der flyder ind i dit liv, så vil du begynde at udvide dig. Når vi tænker: *"Åh nej, jeg er løbet tør for penge,"* så er det kun et synspunkt. *"Jeg har ikke flere penge. Jeg er nødt til at bruge mit kreditkort."* Det synspunkt alene er nok til at låse dig fast, fordi det er en løgn.

Hold op med at have kreditkort. Find en anden måde. Skab penge. Lad være med at skabe kredit og den gæld, der følger med det. De værktøjer, der er beskrevet i det følgende, vil hjælpe dig med at gøre dette.

GIV TIENDE TIL DIN EGEN KIRKE

At give tiende er at give en tiendedel af ens indkomst til velgørenhed eller som støtte til ens kirke. Tror du på at give tiende til kirken? Hvad med at give tiende til din egen kirke? Ville du være villig til at gøre det?

Sådan her gør du: Tag ti procent af alt, der kommer ind i dit liv, og læg det til side. Sæt det i banken. Læg det under madrassen. Det er ligegyldigt, hvor du lægger det, bare læg det til side. Lad være med at bruge det.

Hvis du bliver ved med at lægge de ti procent til side, viser du universet, at du gerne vil have penge. Når du giver tiende til din egen kirke, svarer universet: *"Åh, så du kan godt lide penge? Okay, vi giver dig penge."* Måske tænker du: *"Wow, jeg kan knap nok klare mig, som det er nu. Hvordan skal jeg kunne lægge ti procent til side?"* Svaret er: Ved at gøre det. Universet honorerer det, som du beder det om. Hvis du honorerer dig ved at give en tiendedel af din indkomst, siger universet: *"Nå, så du vil gerne honoreres med ti procent? Her er noget mere, du kan honorere dig selv med."*

Ordner du dine regninger, før du giver tiende til dig selv? Har du lagt mærke til, at du får flere regninger, når du betaler dine regninger først? Hvorfor det? Du honorerer dine regninger, og universet siger: *"Nå, så du kan godt lide regninger? Jamen, så skal du få flere af dem."*

Det betyder ikke, at du ikke skal betale dine regninger. Det, du gør, er at honorere dig selv, og hvis du er nødt til at strække tingene lidt eller indhente det senere, så er det intet problem. Hvis du begynder at honorere dig selv først og giver tiende til din egen kirke, så vil hele din økonomiske situation ændre sig totalt inden for seks måneder til et år. Du kommer til at nå økonomiske mål, du satte for tusind år siden, hvor du sagde, at: *"Når jeg engang har det her beløb, så vil jeg være meget rig."* Det er beslutninger, du end ikke husker, du har taget, men når du opnår dem, vil du have en fornemmelse af fred inden i dig selv, og det paniske behov for penge forsvinder.

Bare ti procent

Min ven, som ejer en antikvitetsbutik, lånte 600.000 kr. hver sjette måned for at tage til Europa og købe antikviteter. Banken opkrævede ti procent direkte for at give ham pengene. Det betød, at de opkrævede 60.000 kr. fra ham for at låne pengene. Så han fik 540.000 kr., men han skulle betale 600.000 kr. tilbage, og så var der 15 % i rente på lånet. Så hvis det tog ham et år at betale lånet tilbage, hvor mange penge skulle han så betale? Hvad var renten? Femogtyve procent. Det kostede ham 150.000 kr. at låne 600.000 kr., hvis han ikke betalte tilbage inden for seks måneder.

Han arbejdede røven ud af bukserne. En dag sagde jeg til ham: *"Hvis du lægger ti procent til side, vil din økonomisk situation ændre sig fuldstændigt inden for seks måneder til et år."* Det begyndte han at gøre, og inden for seks måneder var hans butik dobbelt så stor, og han kunne tage til Europa for sine egne 600.000 kr. Hans forretning voksede til det dobbelte, og hans kones forretning voksede fra 1,5 millioner til 9,5 millioner kroner om året.

> Omkring to år senere gik jeg ind i hans butik, kiggede mig omkring, og sagde: *"Du har brugt dine ti procent, har du ikke?"*
>
> Han sagde: *"Åh, du er synsk!"*
>
> Jeg sagde: *"Ja, dét og det faktum, at jeg kan mærke energien herinde. Du er desperat for at sælge noget. Det føles ikke længere som et sted, hvor alting er en hel masse værd. Det er, som om det hele er på tilbud. Du har ændret energien i din butik. Regner du virkelig med at få succes baseret på det?"*

Siden da er han blevet mere og mere desperat, fordi han ikke vendte tilbage til at give tiende til sig selv. Ringer han tilbage til mig, når jeg ringer til ham? Nej. Hvorfor? Han vidste, at hvis han atter begyndte at lægge ti procent til side, så ville det fungere igen, men han ville ikke gøre det. Okay, det er hans valg.

Hav kontanter på dig

Hvis du har penge i din pung og ikke bruger dem, får det dig til at føle, du er velhavende. Så vil der dukke flere og flere penge op i dit liv, fordi du siger til universet, at du er overflod. Beslut dig for en sum penge, som du som en rig person altid har på dig. Uanset hvilket beløb, det er – 3.000 kr., 6.000 kr., 9.000 kr. – så hav det altid med dig i din pung. Vi mener ikke, at du skal have et guld kreditkort på dig. Det er ikke det, der gør en forskel. Du skal bære kontanter i lommen, fordi det handler om at anerkende den velstand, du er.

Du kan købe guldmønter for dine kontanter, hvis du kan lide guldmønter. Du kan købe diamanter, hvis du foretrækker det. Hav det i en form for valuta, du nemt kan transportere. Jeg ville ikke konvertere mine kontanter til tønder med olie, hvis jeg var dig. De kan synke.

Når vi beder dig om at lægge ti procent til side, handler det ikke om at bruge pengene på investeringer eller projekter. Vi vil have, du skal være som Joakim von And. Kan du huske ham? Han var Anders Ands milliardæronkel. Han elskede penge! Han fyldte sin swimmingpool med pengesedler og dykkede ned i den. Vil du gerne have masser af penge? Så skal du virkelig være villig til at have dem. Hav masser af penge omkring dig.

Hav dette pengebeløb med dig. Det kan være en del af dine ti procent, hvis du ønsker det. Hold dem på dig altid og lad være med at bruge dem. Når du ved, du har 3.000 kr., 6.000 kr., 9.000 kr. i din lomme, kan du sige: "Hey! Jeg er cool." Du går med oprejst pande. Du ved, at du kan gå ind ethvert sted og købe hvad som helst – men du har ikke behov for det.

Behov vs. grådighed

Når du har en fornemmelse af at have brug for noget, fører det altid til en fornemmelse af grådighed. Det betyder, at du vil prøve at holde fast på det, du har, som om der aldrig vil komme mere. Når du har en fornemmelse af det der store, lækre pengebeløb i din lomme og muligheden for, at tingene vokser, så kan alle former for forandringer ske for dig, fordi du ikke fungerer ud fra det synspunkt, at du kun har et begrænset beløb. *"Jeg har penge på lommen. Jeg har tusinder af kroner i skuffen derhjemme. Jeg leger med penge. Jeg smider dem på sengen og ruller nøgen i dem, fordi det føles godt."*

Har du nogen sinde rigtigt kigget på dine penge? Hvordan ser de ud? Hvilket billede er der på en 500-kroner seddel? Det ved vi, fordi vi har en masse af dem på os. De er flotte. Det er rigtigt, de er flotte, og vi har dem i vores lommer. Vi kan godt lide alle de penge. De er fine. Hvis du ændrede holdning og begyndte at synes, at penge var fine, og du elskede sådan, som de ser ud, så kunne du måske modtage dem med større lethed.

Kapitel to

NOGLE GODE VÆRKTØJER

FRA TRANSPIRATION TIL INSPIRATION

I Access er vi ikke interesseret i at være først med det sidste nye. Vi vil gerne være på den kreative forkant, fordi hvis du konstant skaber dit liv, så udvider du dit liv.

I dette kapitel får du nogle spørgsmål, teknikker og værktøjer, som giver dig mulighed for at bevæge dig fra transpiration til inspiration, når du skaber det liv, du gerne vil have. Husk blot på: Hvis du vil have, dit liv skal ændre sig, så er du nødt til at bruge dem.

Det er de mest simple, dynamiske værktøjer, du kan forestille dig, men 90 % af alle mennesker, vi deler dem med, bruger dem aldrig. Det kan også være, du vil nægte at bruge dem. Hvis du er afhængig af ubevidsthed omkring penge, vil du ikke gøre dét, der skal til for at ændre dit liv.

Måske tænker du, mens du læser denne bog: *"Sikke et spild af penge! Jeg betalte dyrt for denne her pengebog, men der er ikke noget, der har ændret sig. Den var ikke noget værd!"*

Den er kun uden værdi, hvis du ikke bruger den. Men hvis du er fast besluttet på at lave nogle forandringer i dit liv og skabe en anden virkelighed med penge – og alt andet – så inviterer vi dig til at bruge disse værktøjer.

VÆR I SPØRGSMÅLET

Universet er uendeligt, og det har uendelige svar. Når du stiller et ubegrænset spørgsmål, giver universet dig svaret. Men ofte stiller vi begrænsede spørgsmål som: *"Hvordan kommer jeg fra A til B?"* Og når vi gør det, tager hjernen over og forsøger at regne det ud: *"Gør sådan, sådan og sådan."*

Når du forsøger at regne ud, hvordan du får noget til at ske, er du i gang med at regne svaret ud i stedet for at stille et spørgsmål. Lad være med at prøve at regne det ud. Du begrænser bare dig selv. Din hjerne er farlig. Den kan kun definere det, du allerede kender. Den kan ikke være uendelig og ubegrænset. Når du når frem til et svar, er det den totale sum af det, der kan dukke op for dig. Men når du lever i spørgsmålet, er uendelige muligheder tilgængelige. Prøv nogle af disse spørgsmål og se, hvad der sker.

Hvad skal der til for, at ___ dukker op?

Når du lever i spørgsmålet, skaber du en invitation. Når du spørger: *"Hvad skal der til, for at ___ dukker op?"* giver universet dig muligheder for, at det kan ske.

Du kan sidde fast i dit liv og tro, at: *"Det skal enten være sådan her – eller sådan her. Jeg kan gøre det her – jeg kan ikke gøre det her. Jeg kan være sådan her – jeg kan ikke være sådan her. Den eneste måde, jeg kan ___ er, hvis Per låner mig 30.000 kr.. Jeg får aldrig råd til ___. Jeg har simpelthen ikke pengene til ___."* Disse er begrænsede synspunkter. Indtag i stedet et ubegrænset synspunkt med spørgsmålet: *"Hvad skal der til for, at ___ dukker op?"*

Forleden hævede jeg penge fra min opsparing, fordi det virkede, som om jeg ikke havde nok penge. Jeg tænkte: *"For pokker! Hvorfor har jeg ikke penge nok? Jeg forstår det ikke! Hvad skal der til, for at flere penge dukker op? Det er latterligt, at jeg ikke har nok penge. Hvad skal der til?"*

Den næste dag tog jeg min mappe frem, som jeg ikke havde brugt i tre måneder. Der var 10.000 kr. i den, som jeg af en eller anden grund havde lagt til side i mappen. To dage efter fløj Dain og jeg til Florida, og da vi kom frem, gav vores veninde Jill en konvolut til Dain og sagde: *"De her lå sammen med kreditkortmaskinen."*

Dain spurgte: *"Hvad er det her?"*

Hun sagde: *"Det er checks, som aldrig blev indløst, fra et kursus du og Gary holdt. Der var for 12.000 kr. checks i den."*

Samme dag ringede en kvinde til mig, fordi en betaling til mig på 11.000 kr. ikke var gået igennem på hendes kreditkort. En dag senere fandt jeg en check på 3.000 kr. i en skuffe, hvor jeg havde lagt den.

Det gav de 38.000 kr., jeg havde hævet fra min opsparing. Jeg tænkte: *"Hmm... Jeg manglede åbenbart ikke penge, jeg kiggede bare ikke efter dem."*

Det sjove er, at det stadig sker. En kvinde ringede til mig den anden dag og sagde: *"Kan du huske det kursus, jeg tog hos dig for at par måneder siden? De har ikke hævet betalingen fra min konto. Jeg sender dig en check."*

Jeg sagde: *"Okay, fedt! Hvordan bliver det bedre end det?"*

Du er nødt til at stille et spørgsmål, for at universet kan give dig et svar. Du er nødt til at spørge. Det fungerer ikke at sige: *"Jeg har brug for flere penge."* Det betyder blot: *"Jeg mangler penge,"* og der er ikke noget spørgsmål i det. Brug altid et spørgsmål: *"Hvad skal der til for, at ____ dukker op?"*

Hvad er rigtigt ved det her, som jeg ikke fatter?

Et andet godt spørgsmål er: *"Hvad er rigtigt ved det her, jeg ikke fatter?"* Er der områder i dit liv, hvor du tror, du kun har valgt mellem enten/ eller? Tror du, du er nødt til at vælge enten den ene eller den anden side af mønten i stedet for at vælge den uendelige kapacitet til at gøre hvad som helst? Betragter du dig selv som blot en lille plet i universet og spørger: *"Hvad er der galt med mig?"*

Hvad gør det ved dig? Det placerer dig inden for det begrænsede. Du fungerer ikke som det uendelige væsen, du virkelig er, og du eliminerer mulighederne for forandring. I stedet for at spørge: *"Hvad er der galt med mig?"* Så spørg: *"Hvad er der rigtigt ved mig, som jeg ikke fatter?"*

Da Dain og jeg begyndte at arbejde sammen, boede han hos min ekskone og mig. Efter et stykke tid fandt han et sted at bo, og jeg hjalp ham med at flytte. Da vi kom med det sidste flyttelæs, dukkede ejeren af stedet op og gik helt amok. Hun sagde ting som: *"Du kan ikke flytte ind her! Gå væk! Jeg er ikke gået med til det her. Du kan ikke få det her sted!"*

Dain krympede sig og sagde: *"Hvad er der galt med mig, siden jeg ikke kan få det her til at fungere?"*

Jeg sagde: *"Forkert spørgsmål, min ven! Hvad er rigtigt ved det her, du ikke fatter?"*

Det viste sig, at ejeren af stedet, som også boede i ejendommen, snakkede uafbrudt og var fuldstændig skør. I stedet for at flytte ind der fandt Dain en meget bedre toværelses lejlighed med udsigt til en park i et dejligt område. Han behøvede ikke længere leje en klinik og kunne arbejde hjemmefra.

Det faldt alt sammen meget bedre ud, end han havde planlagt, fordi han var villig til at spørge: *"Hvad er rigtigt ved det her, jeg ikke fatter?"*, da planen faldt fra hinanden.

Som et uendeligt væsen gør du ikke noget forkert – det ville du simpelthen ikke kunne gøre. Men der kan være noget ved situationen, du ikke har fattet. Hvordan finder du ud af, hvad det er? Spørg: *"Hvad er rigtigt ved det her, som jeg ikke fatter?"* Hvad det end er, beder du med spørgsmålet om bevidstheden og den ubegrænsede kapacitet til at opfatte og undersøge. Brug dette spørgsmål til at låse op for mulighederne for forandring i dit liv.

Hvordan bliver det bedre end det her?

Her er et spørgsmål, der kan bruges dagligt. Når du bruger det i en situation, der går dårligt, får du klarhed over, hvordan du kan ændre den, og når du bruger det i en situation, der går godt, kan alle mulige interessante ting dukke op.

En kvinde, der kom ud fra et Access kursus i New York, fandt 50 øre foran elevatoren. *"Ej, hvordan bliver det bedre end det?"*, spurgte hun og lagde mønten i sin lomme. Hun gik nedenunder og ud på gaden, så en ti-dollar seddel på fortovet, puttede den i lommen og spurgte: *"Hvordan bliver det bedre end det?"* Hun var på vej til metroen, men prajede i stedet en taxi og kørte hjem. Som hun steg ud af taxien, så hun noget glimte fra kloakken. Hun rakte ned og samlede et diamantarmbånd op. Der sagde hun: *"Nu kan det ikke blive bedre end det her,"* hvilket var en stor fejl. Når du siger sådan, er det alt, der er. Ellers var hun måske blevet ejer af Empire State Building, hvem ved!

Jeg kan ikke garantere dig, at du kommer til at lave småmønter til diamanter, men du ved aldrig, hvad der kan ske. Bare bliv ved med at spørge: *"Hvordan bliver det bedre end det her?"*

OPFATTE, VIDE, VÆRE OG MODTAGE

Vil du gerne vide, hvad der kan gøre dit job bedre, eller hvordan du kan forbedre din pengesituation, din forretning eller dit forhold? På ethvert område i dit liv, der ikke fungerer for dig, er der noget, du ikke opfatter, ikke vil vide, være eller modtage.

Hvordan ved vi det? Fordi vi ved, du er et uendeligt væsen. Som et uendeligt væsen har du uendelig kapacitet til at opfatte, vide, være og modtage. Det betyder, at for at skabe dit liv som den begrænsning, det er blevet til, må der være ting, du ikke er villig til at opfatte, vide, være og modtage.

Sig følgende 30 gange om dagen i tre dage: *"Opfatte, vide, være og modtage, hvad jeg afviser, ikke tør, aldrig må og også skal opfatte, vide,* være og modtage, som vil tillade mig at have total klarhed og lethed med _____." Eller du kan bruge en forsimplet version: *"Hvad skal jeg opfatte, vide, være og modtage, der vil tillade mig at _____?"*

Du kan indsætte hvad som helst på den tomme plads. Dette spørgsmål låser op for de steder, hvor du ikke er villig til at være til stede.

Hvis du gør det tredive gange om dagen i tre dage, vil du begynde at blive inspireret til at se på tingene på en ny måde i slutningen af den tredje dag eller i løbet af den fjerde. Pludselig udbryder du: *"Hvorfor har jeg ikke tænkt på det før?"* Du kunne ikke tænke sådan før, fordi du afviste eller ikke turde, eller du troede, der var noget, du aldrig måtte opfatte eller modtage. Eller du troede, du var nødt til at opfatte eller modtage noget for at nå dertil.

Dette simple spørgsmål hjælper dig med at løsne op for begrænsningerne. *"Opfatte, vide, være og modtage hvad jeg afviser, ikke tør, aldrig må og også skal opfatte, vide, være og modtage, som vil tillade mig at have total klarhed og lethed med _____."* Tredive gange om dagen vil begynde at ændre et hvilket som helst område af dit liv, som ikke fungerer på den måde, du gerne vil.

DU HAR TI SEKUNDER TIL AT LEVE RESTEN AF DIT LIV

Du har ti sekunder til at leve resten af dit liv. Verden er fyldt med løver, tigre, bjørne og giftige slanger. Hvad vælger du?

Hvis du gør alt i dit liv i bidder af ti sekunder, vil du opdage, at du ikke kan træffe en forkert beslutning. Hvis du vælger vrede i ti sekunder og så er færdig med det, kan du ikke træffe forkerte valg. Hvis du elsker i ti sekunder, kan du elske alle og enhver i det tidsrum, uanset hvem de er. Du kan hade nogen i ti sekunder. Du kan være skilt fra din ægtefælle i ti sekunder. Du kan elske ham eller hende i de næste ti.

Hvis du lever i bidder af ti sekunder, vil du være tilstede i nuet. De fleste mennesker forsøger at lægge en plan og et system for fremtiden, så den viser sig, sådan som de ønsker det, i stedet for at leve i nuet. Men der findes kun ét sted, vi kan leve, og det er lige her, lige nu. Alt andet dræner dig. Du kommer ikke til at have et liv. Du går glip af dit eget liv.

Folk har spurgt mig: *"Hvordan kan du passe din forretning i bidder af ti sekunder?"* På ti sekunder kan du beslutte, om du vil tale med en bestemt person eller ej. Du kan finde ud af, om han eller hun er tilgængelig. Du kan bruge det, at du ved. Bidder af ti sekunder tvinger dig til at holde op med at tænke og til at træde ind i det, at du ved.

På ti sekunder kan du begynde at nedbryde disponeringen for at regne ting ud og planlægge på forhånd. Du kan lære, hvordan du kan vælge, og hvordan du kan være til stede. Du kan ikke dømme på ti sekunder, fordi det er her nu, og så er det væk. Vi piner os selv ved at dømme os selv og forsøge at fikse det, vi dømmer. Hvad hvis du bare sagde: *"Nå ja, det gjorde jeg i ti sekunder, hvad vil jeg gerne vælge nu?"*

Når du gør noget, du synes er dumt, hvor længe straffer du så dig selv for det? Hvor længe bliver du ved med at være besat af det? Dage? Uger? Måneder? År? Hvis du lever i bidder af ti sekunder, er det ikke muligt for dig. Du vil selvfølgelig heller ikke kunne huske noget, men det er bare godt!

Hvis du praktiserer kunsten at vælge dit liv i bidder af ti sekunder, begynder du at skabe valg og muligheden for at modtage penge. De fleste af os skaber med udgangspunkt i forpligtelser. Vi tænker: *"Jamen, jeg er nødt til at gøre det her, og jeg er nødt til at gøre det her, og jeg er nødt til at gøre det her."* Men er det virkelig ting, vi har lyst til at gøre? Som oftest ikke, men vi bliver ved med at vælge dem. Hvorfor? Fordi vi tror, vi er nødt til det. Vi tror, vi er forpligtet til at gøre dem, og hvis vi ikke gør, vil ingen betale os. Vi køber ideen om, at alle andre er meget vigtigere, end vi er. Hvis du havde ti sekunder til at vælge resten af dit liv, hvad ville du så vælge?

Ville du vælge fattigdom? Det er kun et valg, hverken dumt eller sindssygt. Når du lever i bidder af ti sekunder, kan du blot vælge noget andet. Du behøver ikke hænge fast i fattigdom.

Du har ti sekunder, hvad vælger du? Velstand? Okay, de ti sekunder er ovre. Du har ti sekunder til at leve resten af dit liv, hvad vælger du? Latter? Glæde? Bevidsthed?

ØDELÆG OG TILINTETGØR DIT LIV

Start hver dag med en blank tavle. Skab dit liv hver dag. Det betyder, at du hver dag ødelægger og tilintetgør alt, du var i går. Hvis du er erhvervsdrivende, skal du ødelægge og tilintetgøre din forretning hver morgen. Hvis du ødelægger og tilintetgør alt ved din økonomiske situation hver dag, vil du begynde at skabe flere penge. Du kommer til at skabe dagen i dag. Det er en del af at leve i bidder af ti sekunder. Når du lever i nuet, behøver du ikke bevise, at den beslutning, du traf i fortiden, var den rigtige; du skaber dit liv i hvert øjeblik – hele tiden.

Vi har en tendens til at tænke: *"Okay, jeg har skabt den her lækre bunke lort derovre, så jeg vil ikke ødelægge den. Jeg vil hellere ignorere den og gå herover og skabe noget andet."* Sagen er, at lortebunken stadig ligger derovre og for hver dag, du ignorerer den, lugter den kraftigere og kraftigere, indtil den til sidst er så overvældende, at du er nødt til at gøre noget ved den.

Ødelæg og tilintetgør dine relationer

Hvis du er i et forhold, og du ødelægger og tilintetgør det hver dag, skaber du det på ny hver dag. Sådan holder du dig på den kreative forkant. Vi arbejdede med et par, som havde været gift i 26 år. På deres 27. bryllupsdag besluttede de at ødelægge og tilintetgøre deres forhold fuldstændigt i stedet for at holde en fest. Det har de gjort lige siden, og de siger, at deres sexliv er blevet meget bedre – og de har mere sex end før.

Deres 17-årige datter sagde til dem: *"Gider I to holde op med at opføre jer som liderlige teenagere? Det er frastødende! I er ved at springe på hinanden hele tiden."* Det er vel at mærke efter at have været gift i 27 år. Men det er, hvad der sker. Når du ødelægger og tilintetgør alt, du har skabt, opstår muligheden for at skabe noget helt nyt.

Der skete noget interessant og uventet, da jeg besluttede mig for at ødelægge og tilintetgøre mit forhold til mine børn. Min yngste søn kom altid for sent. Man kunne være helt sikker på, at han kom en halv til en hel time for sent til alting. Tre dage efter jeg ødelagde og tilintetgjorde mit forhold til ham, ringede han og sagde: *"Hej far, skal vi spise morgenmad sammen?"*

Jeg sagde: *"Gerne, hvornår skal vi mødes?"*

Han sagde: *"Om cirka 20 minutter."*

Jeg sagde: *"Okay, fint."*

Jeg var sammen med Dain, og jeg sagde: *"Vi har mindst 40 minutter."* Så vi dalrede rundt i omkring 45 minutter.

Da vi kom hen til stedet, hvor vi skulle spise, stod min søn uden for og så lige så utålmodig ud som jeg, når jeg plejede at vente på ham. Han sagde: *"Hvor har du været? Jeg har ventet på dig i tyve minutter!"*

Jeg tænkte: *"Gode Gud! Min søn er blevet bortført af rumvæsener i løbet af natten! Det her er ikke min søn, han kommer aldrig til tiden!"* Lige siden dengang er han altid kommet til tiden. Det er virkelig mærkeligt. Efter jeg ødelagde og tilintetgjorde mit forhold til ham, holdt han op med at komme for sent.

At ødelægge og tilintetgøre betyder ikke, at du ødelægger noget fysisk. Det betyder ikke, at du rent faktisk skal afslutte dit forhold. Du ødelægger og tilintetgør alt det, du har besluttet, så du kan få større klarhed omkring, hvad der er muligt. Du ødelægger og tilintetgør dine beslutninger og bedømmelser, dine forpligtelser, alle intriger og det, der gør dig oprørt, dine projektioner og forventninger og alle de ting, du har besluttet kommer til at ske i fremtiden.

Hvordan gør du dette?

Hvordan gør du dette? Du siger: *"Alt det, jeg var i går, ødelægger og tilintetgør jeg nu."* Du kan ødelægge og tilintetgøre alting. Du kan sige: *"Alt, mit forhold var i går (eller min forretning eller min økonomiske situation), ødelægger og tilintetgør jeg nu."*

Hvad er ellers muligt?

Husker du, hvordan det var at være barn? Startede du hver morgen med at tænke over dine pligter? Eller ville du lege og have det sjovt? Hvis du ødelægger og tilintetgør dit liv hver dag, kan du stige ud af sengen hver morgen med spørgsmålet: *"Okay, hvilke muligheder kan jeg skabe i dag?"* Eller: *"Hey, hvad er ellers muligt?"* Hvis du gør det, skaber du en helt anden virkelighed. Du skaber med en ungdommelig entusiasme, fordi du ikke længere er den, du var i går.

Hvem er jeg i dag, og hvilke storslåede og fantastiske eventyr kan jeg have?

Et andet spørgsmål, du kan bruge, efter du har ødelagt og tilintetgjort dit liv, er: *"Hvem er jeg i dag, og hvilke storslåede og fantastiske eventyr kan jeg have?"* Hvis du har ødelagt og tilintetgjort dagen i går, kan du begynde at skabe livet som et eventyr i stedet for en forpligtelse.

SANDHEDER OG LØGNE

Sandheden får dig altid til at føle dig lettere. En løgn får dig til at føle dig tungere.

Hvis noget får dig til at føle dig tung, er det en løgn for dig, uanset om det er en løgn for andre eller ej. Lad være med at give din kraft væk til andre ved at sige, at de ved mere, end du gør. Du er kilden.

Når din opmærksom hænger fast i noget, har du at gøre med en sandhed med en løgn tilknyttet. Spørg: *"Hvilken del af dette er sandt, og hvilken del er en løgn, udtalt eller uudtalt?"*

Hvilken del er en løgn?

De fleste løgne, som hægter sig fast i vores opmærksomhed, er uudtalte løgne. Du bliver ved med at tænke på det. Hvis en tanke bliver ved med at komme tilbage, så spørg: *"Hvilken del er sand?"* Og svaret vil få dig til at føle dig lettere.

Hvad er løgnen, som er tilknyttet her, udtalt eller uudtalt?

Spørg derefter: *"Hvad er løgnen, som er tilknyttet her, udtalt eller uudtalt?"* Når du først får øje på løgnen, løsner det hele sig. Det bliver sandhed, og du er fri af det.

Jeg havde en ven, som var en magisk healer. Han kunne udføre mirakler bare ved at give dig en massage. Han kunne heale din krop. Han tog Access Foundation og Access I kurset og sagde så, at han ikke havde råd til at tage kursus II og III. Jeg sagde: *"Jeg vil gerne give dig kurserne, fordi du er sådan en god ven, og jeg vil rigtigt gerne have, at du får de kurser."*

Han sagde: *"Fedt!"* Men han kom aldrig til kurserne.

Jeg ringede til ham flere gange, men han ringede aldrig tilbage.

Efter to uger følte jeg mig mærkeligt til mode omkring situationen. Jeg tog hen til hans kones kontor, og der var han.

Jeg sagde: *"Hej, kan vi gå en tur?"*

Han sagde: *"Okay."*

Jeg sagde: *"Du kom ikke til kurserne, hvad handler det om?"*

Han sagde: *"Altså, jeg har tænkt over det, og jeg indså, at mit kald er at sælge vitaminer."*

Sælge vitaminer? Det er hans kald? Jeg tænkte: *"Det får mig ikke til at føle mig lettere. Hvad er sandheden her?"* Jeg anfægtede ikke, hvad han sagde, men jeg undrede mig: *"Du har lige fået et kursus til 9.000 kr. foræret, og det afviser du. Hvad sker der?"* Jeg gik min vej og var forvirret. Jeg blev ved med at tænke på det.

Sandheden er...

Et par dage senere tænkte jeg: *"Okay! Sandheden er, at han ikke tog kurset."*

Den udtalte løgn

Så fik jeg øje på den udtalte løgn, som var, at han ønskede at sælge vitaminer.

Den uudtalte løgn

Så fangede jeg den uudtalte løgn, som var, at det var *hans valg* ikke at tage kurset. Sandheden var, at det var *hans kone*, som ikke ville have, han skulle tage det. Jeg indså, at hans kone havde magten i familien, og hun ønskede ikke, han skulle have nogen magt, fordi det kunne betyde, han ville forlade hende. Han var yngre, han så godt ud, og hun fattede ikke, at han elskede hende for den, hun var. Hun troede, han blev hos hende, fordi hun tjente flest penge og besluttede, det var bedst at gøre ham magtesløs.

Da jeg først havde set det, vidste jeg, hvad der foregik, og jeg tænkte aldrig over det igen.

Brug dette med tanker, der bliver ved med at vende tilbage. Spørg dig selv: *"Hvilken del er sand?"* Svaret vil få dig til at føle dig lettere. Spørg så: *"Hvad er løgnen, som er tilknyttet her, udtalt eller uudtalt?"* Det er oftest en uudtalt løgn, der får dig til at hænge fast. Få øje på løgnen, og du er fri af den.

INTERESSANT SYNSPUNKT

Når du ikke dømmer, indser du, at du er alting og intet dømmer, heller ikke dig selv. Der er ganske enkelt ikke nogen fordømmelser i dit univers. Der er en total tilladelse af alt.

Når du er i tilladelse, er du en sten i strømmen. Tanker, ideer, overbevisninger, holdninger og emotioner kommer imod dig, bevæger sig rundt om dig, og du er stadig en sten i strømmen. Alt er et interessant synspunkt.

Accept er noget andet end at være i tilladelse. Hvis du er i accept, når tanker, ideer, overbevisninger og holdninger kommer mod dig, og du er i strømmen, bliver du revet med. Når du er i accept, så enten tilpasser du dig eller erklærer dig enig, hvilket er den positive polaritet, eller du gør modstand og reagerer, hvilket er den negative polaritet. Uanset hvad bliver du en del af strømmen, og du bliver revet med.

Hvis du er i tilladelse af det, jeg siger, kan du sige: *"Det er et interessant synspunkt. Gad vide, om der er nogen sandhed i det?"* Du kan være i spørgsmålet i stedet for at reagere. Når du går ind i modstand og reaktion, eller tilpasser dig og erklærer dig enig med synspunkter, skaber du begrænsninger. Den ubegrænsede tilgang er: *"Interessant synspunkt."*

Hvordan ser det ud i hverdagen? Du og din ven går sammen på gaden, og han siger til dig: *"Jeg er flad."* Hvad gør du?

"Åh, stakkels dig!" er at tilpasse dig og erklære dig enig.

"Det er du!" er modstand og reaktion. Du ved, han vil forsøge at få dig til at låne ham penge.

Interessant synspunkt er: *"Virkelig?"*

Irriterer en person dig? Det er ikke ham eller hende, der er problemet. Det er dig. Så længe du har en irritation, har du et problem. Gå ud på badeværelset, lås døren og sig højt eller inden i dig selv: *"Interessant synspunkt, at jeg har det synspunkt,"* for hvert synspunkt, du har om dem, indtil du er kommet over det og kan være i tilladelse. Så er du fri.

Det handler ikke om, hvordan andre forholder sig til dig. Det handler om, at du kan være i tilladelse af dem, uanset hvor skøre de er. Du er nødt til at være i tilladelse af, hvor den anden person fungerer fra, for at de kan ændre sig.

Du behøver ikke tilpasse dig og være enig med dem og elske dem, og du behøver heller ikke yde modstand og reagere mod dem og hade dem. Intet af dette er virkeligt. Du tillader og respekterer blot deres synspunkt uden at købe det. At være i tilladelse af nogen betyder ikke, du skal være en dørmåtte. Du skal blot være det, som er.

Det sværeste er at være i tilladelse af os selv. Vi har en tendens til at dømme os selv hårdt. Vi låser os selv fast i at være en god forælder eller en god partner eller en god hvad som helst, og vi dømmer altid os selv. Men vi kan være i tilladelse af vores eget synspunkt. Vi kan sige: *"Det synspunkt havde jeg. Interessant. Sådan gjorde jeg. Interessant."*

Når du er i tilladelse, bliver alt et interessant synspunkt. Du accepterer det ikke; du har ikke modstand på det. Det *er* bare. Livet bliver lettere og lettere.

ALT I LIVET KOMMER TIL MIG MED LETHED OG GLÆDE OG HERLIGHED

Vores mantra i Access er: *"Alt i livet kommer til mig med lethed og glæde og herlighed."* Det er ikke en affirmation, fordi det ikke handler om kun at have det positive. Det inkluderer det gode, det dårlige og det grimme. Vi tager det hele med lethed og herlighed. Intet af det behøver at være smertefuldt eller fyldt med lidelse og rædsel, heller ikke selvom det er sådan, de fleste af os lever livet. Du kan have det sjovt i stedet! Hvad hvis formålet med livet kun var at have det sjovt? Alt i livet kommer til mig med lethed og glæde og herlighed.

Sig det ti gange om morgenen og ti gange om aftenen, og det vil forandre dit liv. Hæng det på spejlet på dit badeværelse. Fortæl din kæreste, at det hænger der, fordi du er nødt til at huske det. Det vil ændre din kærestes liv også, bare fordi han eller hun er nødt til at se på det.

Ved du hvad? Vi skal giftes!

En kvinde ringede til mig og sagde: *"Jeg vil gerne have, at min kæreste gifter sig med mig. Hvordan får jeg det til at ske?"*

Jeg sagde: *"Søde, jeg er synsk, ikke en troldmand. Det eneste, jeg kan foreslå er, at du sætter "Alt i livet kommer til mig med lethed og glæde og herlighed" på spejlet, hvor han barberer sig hver morgen, og hvem ved, hvad der så kan ske?"*

Tre uger senere ringede hun og sagde: *"Ved du hvad? Vi skal giftes!"*

Bedstemor, hvad er det?

En bedstemor, som laver Access i New Zealand fortalte os, at hendes barnebarn så *"Alt i livet kommer til mig med lethed og glæde og herlighed"* på hendes køleskab. Han spurgte hende: *"Bedstemor, hvad er det? Kan jeg bruge det?"*

Hun sagde: *"Det kommer fra Access, og du kan bruge det – bare fortæl folk, hvor det kommer fra."*

Barnebarnet, som bestyrer et firma, der forhandler køleskabe, fik sine sælgere til at sige det sammen ti gange hver morgen, og på 8 uger gik deres salg fra 130.000 kr. til 400.000 kr. om måneden. Det skete vel at mærke, uden de ændrede ved andre ting.

Barnebarnet fortalte den af hans sælgere, der solgte mindst, om at bruge spørgsmålet: *"Hvordan bliver det bedre end det?"* Sælgeren begyndte at sige det hver gang, han udskrev en kvittering for et salg, og hans salg steg fra 45.000 kr til 130.000 kr. om måneden.

Disse mennesker havde aldrig hørt om Access og havde ingen idé om, hvor disse værktøjer kom fra, men de *brugte* dem og oplevede store forandringer i den måde, penge kom ind i deres liv på. Det kan du også.

KAPITEL TRE:

SE DIN VISION AF, HVAD DU VIL HAVE, DIT JOB SKAL VÆRE

KAN DU LIDE DIT JOB?

De fleste mennesker, der har et job, beslutter, at de er nødt til at acceptere hvad som helst fra deres chef. De tror, at hvis de bliver behandlet dårligt af deres chef, så er de nødt til at acceptere det. Det er den måde, det fungerer på. Hvis de ikke kan lide det, så kan de sige op. De fleste mennesker vælger at beholde et job, de ikke kan lide, fordi de tror, at hvis de er så heldige at have et job, så må de hellere beholde det. Det kan være, de ikke får et andet. Har du nogen sinde udsat dig selv for at tænke på den måde? *"Hvis jeg får det her job, må jeg hellere holde fast i det, for jeg får nok ikke et andet."* Så meget for at leve ud fra uendelige muligheder!

Se din vision af, hvad du gerne vil have, dit job skal være

I stedet for at tage et job, du ikke kan lide og finde dig i vilkår, der ikke gør dig glad, så dan dig en vision af, hvad du gerne vil have, dit job skal være.

Med vision mener vi mere end, hvordan det kommer til at se ud. Det er vibrationen af de forskellige komponenter, der bringer det til live. Hvordan føles dit job? Hvilke elementer ville være involveret i det? Hvordan viser det sig?

Lad være med bare at tænke på det. Få fornemmelsen af det. Og når noget dukker op, der føles på samme måde, så gå i den retning. Når noget ikke har den følelse, så lad være med at gå i den retning. Hvis det kun føles en lille smule som din vision, men ikke det hele, så lad være med at gå i den retning. Det øjeblik, du tager et job bare for at overleve, så vil alt handle om at overleve. Lad være med at bukke under for: *"Jeg er nødt til at betale mine regninger."*

Før jeg begyndte med Access, tænkte jeg: *"Okay, jeg vil gerne have et job, hvor jeg rejser mindst to uger på en måned. Jeg vil gerne tjene minimum 650.000 kr. om året. Jeg vil gerne arbejde med virkeligt spændende folk og aldrig kede mig. Jeg vil gerne have et job, der altid ændrer sig og bliver mere og mere sjovt. Jeg vil gerne have et job, som mere end alt andet handler om at facilitere mennesker til at blive mere bevidste om, hvad de gerne vil skabe i deres liv og mere bevidste i det hele taget."*

Det var det, jeg gerne ville have. Jeg satte en lille boble med alt det foran mig og trak energi ind i den fra hele universet, indtil jeg mærkede, boblen voksede. Så lod jeg små strømme af energi flyde ud til alle de mennesker, som var på udkig efter en som mig, men ikke var klar over det. Hver gang jeg stødte på noget, der indeholdt nogle af de aspekter eller den fornemmelse, gjorde jeg det, uanset om det gav mening for mig eller ej. Jeg gjorde mange forskellige ting, og hver ting førte mig tættere på at gøre det, jeg gør i dag. Jeg gjorde alt, der føltes som det, jeg bad om – og det førte mig til det næste. Fordi jeg gjorde dette, endte jeg med at skabe Access. Det første, der dukker op, er måske ikke det sidste trin i processen, men det er sådan, du vælger de ting, der bliver dine trædesten.

En dag tog jeg hen til et sted, hvor jeg var blevet bedt om at lave en kanaliseret massage.

"Hvad er det?" spurgte jeg, *"skal jeg have mine øjne åbne? Er jeg nødt til at tage mit tøj af? Skal jeg røre dig?"* Og: *"Bliver jeg betalt?"*

Fyren sagde: *"Jeg vil bare have, du laver en kanalisering for min massør."*

Jeg sagde: *"Okay, fint. Det kan jeg godt gøre."*

Det gjorde jeg, og jeg begyndte at bruge de værktøjer, som senere er blevet til Access. Siden da er Access vokset ved hjælp af mund-til-øre-metoden. 99 % af dem, der kommer til Access, har hørt om det fra en ven, og de griber muligheden og løber med den. Hvorfor vokser det på den måde? Fordi jeg er åben over for det, fordi jeg er villig til at modtage hvad som helst, og fordi jeg er parat til at træde ud af min komfortzone og blive til noget andet.

Hvordan ville et job, som skabte kontinuerlige og stadigt voksende pengebeløb, se ud?

Hvordan ville et job, som skabte kontinuerlige og stadigt voksende pengebeløb, se ud, føles eller smage som? Hvad hvis det ikke handlede om overlevelse, og hvis du endda var ligeglad, om du blev betalt for det? Hvad hvis penge ikke var det, der trak? Hvad hvis det, der drev dig, var evnen til at opnå det, du virkelig ønsker i livet? Den måde, du forbinder dig med andre mennesker på. Den måde, du hjælper dem med at opnå deres mål og ønsker.

Hvad vil du virkelig gerne opnå i livet? Det er det, du skal forestille dig. Hvordan ville det være at gøre det? Det er det spørgsmål, du skal stille dig selv. Lad være med at spørge: *"Hvordan skaber jeg det her?"* *Hvordan* skaber behovet for at regne det ud, og behovet for at regne det ud skaber en begrænsning.

Bed universet om at hjælpe

Bed universet om at hjælpe dig. Sig: *"Okay, jeg vil gerne have et job, som indeholder det her – og det her – og det her – og det her."* Begynd at trække energi ind i den vision fra overalt i universet, indtil det føles, som om den bliver større. Lad så små strømme af energi flyde ud til alle de mennesker, som er på udkig efter dig uden at vide det. Hver gang, der dukker noget op i dit liv, som føles som den vision, så gør det. Alt er muligt. Du er et uendeligt væsen. Du har uendelige muligheder. Vælg det, du gerne vil have i dit liv.

HVORDAN KAN JEG BRUGE MINE TALENTER OG EVNER TIL AT SKABE PENGE?

For mange år siden havde jeg en forretning med at ombetrække møbler. Jeg fandt ud af, at jeg havde, hvad der skulle vise sig at være et unikt talent. Jeg kunne se på en klients tæppe eller gardiner eller hvad som helst og vide præcis, hvilke farver de skulle have, og jeg kunne bevare et klart billede af dem for mit indre blik. Seks måneder senere stødte jeg på noget stof i præcis samme farver som min klients tæppe. Jeg ringede til dem og fortalte, jeg havde fundet lige præcis det stof, de havde brug for, og de sagde: *"Storartet! Kan du tage det med for os? Hvor mange meter har vi brug for til vores stol?"*

Det fortalte jeg dem, og jeg tog stoffet med. Tog jeg penge for at gøre det? Nej, det gjorde jeg ikke. Hvorfor ikke? Jeg indså ikke, at denne evne var noget specielt. Jeg regnede med, at alle kunne gøre som jeg, så det kunne ikke være penge værd. Sådan er det ofte med vores talenter og evner. De kommer så let til os, at vi ikke tror, de er noget særligt. Vi ser ikke den værdi, de har for andre.

Hvad er den ene ting, du har så overdrevent nemt ved, at det ikke kræver noget af dig? Hvad er så nemt for dig, at du tror, alle kan gøre det? I virkeligheden er der selvfølgelig ikke andre, der kan gøre det. Du er nødt til at begynde at spørge dig selv: *"Okay, hvad er de talenter og evner, den ting, jeg har så nemt ved, at jeg ikke tror, det har nogen værdi?"* Det er det – det ene, du har så nemt ved, det, du ikke tror har nogen værdi – der sandsynligvis er det mest værdifulde talent, du har. Hvis du begynder at bruge det til at skabe penge, vil du have stor succes.

Dengang jeg arbejde i ejendomsbranchen, kendte jeg en kvinde, som arbejdede for store ejendomsfirmaer. Hun elskede at lave mad. Hun lavede fantastiske måltider og de lækreste desserter til sine venner. Hver gang hun holdt åbent hus, serverede hun en af sine desserter, og hver eneste ejendomsmægler i byen dukkede op.

En dag var der en, der sagde til hende: *"Du er virkelig en god kok! Du burde åbne dit eget bageri."* Det gjorde hun – og nu er hun mangemillionær. Indtil nogen påpegede over for hende, at hun havde et unikt talent, tænkte hun ikke stort om det. Hun kunne bare godt lide at lave mad. Men da nogen endelig sagde: *"Det, du laver, er fantastisk. Du burde åbne et bageri,"* så fattede hun det. Hun forlod ejendomsbranchen, hvor hun tjente omkring 700.000 kr. om året, og nu tjener hun millioner. Hun gør det, hun elsker.

Gør det, du elsker

Du skal gøre det, du elsker, ikke det, du er passioneret omkring. Ved du, hvor ordet *passion* kommer fra? Det kommer fra det græske ord for *lidelse og martyrium*; det blev brugt til at beskrive Jesu lidelser og korsfæstelse. Det er, hvad passion betyder. Hvis du gerne vil hænges på korset, så følg din passion. Se på den originale definition af de ord, du bruger. Vi anvender mange ord forkert og identificerer os med dem på en fejlagtig måde, hvilket betyder, at vi køber løgne om, hvad ord betyder. Det er vigtigt at kende tingenes sande betydning. I årevis har folk sagt, at du skal *"følge din passion."* Har det fungeret for dig? Nej. Der må være en årsag til, det ikke har virket, og den årsag har at gøre med ordets definition.

Hvis du er blevet fortalt, at sådan-og-sådan vil skabe et bestemt resultat, og det ikke virker, så slå definitionen af det op i en gammel ordbog. Måske opdager du, at ordet stammer fra noget, der betyder det stik modsatte af det, vedkommende forsøgte at fortælle dig. Hvis energien og ordet ikke matcher, er ordet blevet misidentificeret eller anvendt forkert, og ordet er ikke korrekt defineret.

Hvis du gerne vil tjene penge, så gør det, du elsker. Hvis du gør det, du elsker, kan du tjene penge på det, hvis altså du er villig til at modtage penge for kærlighed. Med andre ord skal du være villig til at være en prostitueret.

Lad os slippe af med holdningerne om at være prostitueret. Ødelæg og tilintetgør dine holdninger om at være prostitueret, for det er egentlig, når vi gør noget, vi *ikke* kan lide for penge, at vi prostituerer os selv.

TRÆF ET VALG OM AT VÆRE STØRRE

Vi arbejdede engang med en kvinde, som havde en mindre virksomhed, og som besluttede, at hun ville have, den skulle vokse til noget større. Hun besluttede, at det ikke længere skulle være en lille virksomhed. Hun hyrede det dyreste marketingsfirma i byen for at promovere hendes virksomhed, og næsten øjeblikkeligt begyndte hun at få kontakt til større virksomheder. Hun var i radioen. Der blev udgivet en artikel om hende i et stort forretningsmagasin.

Jeg spurgte hende, hvad der havde ændret sig, og hun sagde: *"Jeg traf et valg."*

Jeg spurgte: *"Jaså, hvad var det for et valg?"*

Hun sagde: *"Jeg traf valget om at blive større, end jeg er."*

Det er det, du er nødt til at gøre. Du må træffe valget om at blive større end det, du har været villig til at være.

Da jeg først begyndte at udvikle Access og gøre reklame for det, besluttede jeg, at jeg var nødt til at være skandaløs. Jeg var nødt til at blive bedre og blive mere end det, jeg var villig til at være. Jeg var nødt til at blive bedre og være kontroversiel. Jeg var nødt til at være villig til at sætte et aftryk i verden, som ville rykke folk i deres grundvold på den ene eller den anden måde.

Da jeg først havde truffet den beslutning, begyndte min virksomhed at vokse, fordi jeg var villig til at være mere. Det er valget om at være mere, som får din virksomhed til at vokse. Det betyder ikke nødvendigvis, du skal hyre et marketingsfirma. Der er andre måder at gøre det på.

Det vigtige er at træffe valget, og så begynder de måder, du kan gøre det på, at dukke op i dit liv. Når du ikke er villig til at forpligte dig til at være større, end du allerede er, hænger du fast det sted, du altid har været og altid vil være.

Jeg taler om villigheden til at være mere på enhver måde. Du må holde op med at afvise at være alt det, du virkelig er. Du har defineret dig selv godt og grundigt, ikke sandt? Jeg er sådan her – og sådan her – og sådan her. At blive mere betyder, at du må trodse, overvinde og ødelægge disse gamle definitioner af dig selv.

Bare for i dag vil jeg være større, end jeg var i går

Når du vågner op hver morgen, så start med at ødelægge og tilintetgøre hver eneste definition, du har af dig selv, og så siger du bare: *"Bare for i dag vil jeg være større, end jeg var i går."*

HVIS DU SKAL VÆRE SUCCESFULD, HVEM SKAL DU SÅ VÆRE?

Tror du, du er nødt til at være en anden for at have succes? En skuespiller er nødt til at blive en anden – men er du? Tænk på alle de identiteter, du har skabt i forsøget på at sikre dig succes. Har det hjulpet dig? Eller har det gjort det svært for dig at have den succes, du gerne vil have? Har du faktisk mistet fornemmelsen for, hvem du er?

Hvis du skal have succes, hvem skal du da være? Svaret er, at du skal være dig selv. Du er nødt til at være dig. For at have succes er du nødt til at holde op med at være fortabt og kræve og tage ejerskab over kapaciteten til at træde frem som dig. Og du skal ødelægge og tilintetgøre alt, der ikke tillader dig at opfatte, vide, være og modtage, hvem, hvad, hvornår, hvorfor og hvordan du virkelig er.

Hvad skal jeg også opfatte, vide, være og modtage?

Da jeg begyndte med Access, blev jeg ved med at stille spørgsmålet: *"Hvad skal jeg også opfatte, vide, være og modtage, som ville tillade mig og Access at vokse med lethed?"* Det spørgsmål stillede jeg tredive gange om dagen i omkring fire dage. Pludselig indså jeg, hvad jeg ikke var villig til at gøre.

Jeg var ikke villig til at være en guru for folk. Jeg var ikke interesseret i at have kontrollen over andre menneskers liv. Jeg var interesseret i at have kontrol over mit eget liv. Jeg var interesseret i, at mit liv blev større. Jeg var ikke interesseret i at være ansvarlig for nogen andre. Fordi jeg ikke var villig til at fremstå som en guru for folk, som ønskede det, satte det en begrænsning for, hvem der kunne komme til Access.

Jeg opdagede, at jeg forsøgte at bevise, at jeg ikke var en guru ved at nedgøre mig selv og gøre mig mindre, end jeg virkelig var. Da jeg først indså, hvad jeg havde gang i, var jeg villig til at sige: *"Okay, jeg kan godt fremstå som en guru. Jeg kan vælge at fremstå som hvad som helst, uden at jeg behøver at være det. Jeg kan bare virke som om, jeg er det over for andre."* Jeg ændrede mig, og Access begyndte at vokse.

Hvad skal jeg også være?

Derefter var jeg nødt til at gå et skridt videre. Jeg spurgte: *"Så hvad skal jeg også være?"* Jeg indså, jeg var nødt til at være kontroversiel. Hvis du er kontroversiel, taler folk om dig, ikke sandt? Det gode var, at jeg var villig til at være så kontroversiel som muligt. Engang i San Francisco var jeg i radioen for at tale om et kursus om sex og misbrug, jeg skulle holde, og jeg sagde: *"Og vi kommer til at tale om analsex og misbrug."* Og radioværten udbrød: *"Øhm... Undskyld mig, Hr. Douglas..."* Det var sjovt!

Hvis du ikke er villig til at sætte dig selv i spil, kan du så modtage mere?

Fordi jeg er villig til at tale om alt, fordi jeg er villig til at være fuldstændig vanvittig og sætte mig selv i spil på en måde, jeg ikke var villig til før, dukker der alle mulige, forskellige mennesker op for at arbejde med mig. Hvis du ikke er villig til at sætte dig selv i spil, kan du så modtage mere? Nej, det kan du ikke. Du er nødt til at være villig til at være kontroversiel, hvis du vil gøre dit liv bedre. Du skal være villig til at provokere. Du skal være villig til at ødelægge alt, du synes er konservativt og træde ud af kontrolsystemet i din nuværende virkelighed. Hvordan ville din virkelighed være, hvis du var villig til at gøre det?

Svaret er, at du ville have et ekspanderende liv i stedet for et liv, der trækker sig sammen. Ser du efter alle de måder, du ikke bør gøre noget i stedet for de måder, du kunne, eller kan, eller måske er i stand til at gøre dem på?

Hvis du er ude af kontrol, vil du være fløjtende ligeglad med andres synspunkter. Du vil ikke påtage dig, eje eller anerkende regler, som ikke gælder for dig. Hvis du er villig til at holde op med at leve efter andre menneskers regler og vilkår, behøver du ikke længere basere dit liv på alle andres synspunkter.

Hvad ville der ske, hvis du var ude af kontrol?

Hvad ville der ske, hvis du var ude af kontrol og fri for definitioner, begrænsninger, form, struktur og signifikans i forhold til at skabe dit fabelagtige, ufattelige, velhavende liv? Du ville være vanvittig. Du ville have masser af sjov. Livet ville handle om at opleve glæden ved tilværelsen. Det ville handle om fejring, ikke formindskelse.

Hvad med at du vedkender dig og tager ejerskab over evnen til at fejre dit liv og lade det være fyldt af glæde hver dag – og starter i dag? Og vil du venligst også vedkende dig og tage ejerskab over evnen til at være ude af kontrol?

KAPITEL FIRE

SÅDAN HÅNDTERER DU VANSKELIGE PERSONER

OLS'ER & KLAPPERSLANGER

En "OLS" er en person, som gerne underminerer dig – bare for sjov. Hvad står OLS for? Ond Lille Satan (Eng. *ELF: Evil Little Fuck*). En OLS kan finde på at sige: *"Ej, sikke en pæn kjole! Jeg er vild med den, hver eneste gang du har den på."* Eller: *"Fed kjole! Den sidder godt på dig, selvom du har taget på."*

Vi har en tendens til at se andre mennesker som enten gode eller onde. Vi vil gerne se det gode i dem, men ikke det onde. Vi tror, det er ukærligt at se det onde i folk. Er det sandt? Eller er det dumt og sindssygt ikke at se det? Det er dumt og sindssygt. Det er ikke særligt bevidst. Vi er nødt til at være villige til at se det onde i nogen, lige så vel som det gode.

Er du nogensinde blevet udnyttet af andre? Er du nogensinde blevet misbrugt, fordi du havde penge? Du er nødt til at indse, at der findes OLS'er og klapperslanger i verden, og at nogle af dem har en menneskekrop.

Når du møder en klapperslange i en menneskekrop, skal du ikke tage ham med hjem for at tilbringe natten med ham! På den ene eller den anden måde ender han med at bide dig og efterlade sin gift i dit univers.

Anerkend altid de OLS'er og klapperslanger, du har i dit liv. Hvis du ikke anerkender, hvad de er, kan de ikke ændre sig. De kan ikke være anderledes. Ingen mennesker er 100 % onde, men vil en klapperslange kaldes for en harmløs snog? Nej. Det pisser dem af, og de får lyst til at bide dig endnu hårdere. Hvis du anerkender dem og siger inden i dig selv: *"Du er en storslået klapperslange, du har flotte diamanter på ryggen og wow, hvor kan du rasle, og jeg holder mig på lang afstand af dig til enhver tid,"* så vil du ikke blive bidt.

Hvis du kan se det onde i nogen og anerkende det, er det så en bedømmelse, eller er det en observation? Hvis du observerer, at nogen er villig til at gøre dig ondt, så er de ikke i stand til at gøre det. Du bliver kun slået ud, når du ikke er villig til at se, at folk kan finde på at gøre ting, som ikke er venlige, ikke er gode eller ikke er ekspansive. Begynd at se sandheden om, hvor folk fungerer fra. Lad være med at købe ind i ideen om, at alle er enten gode eller onde.

Der har været deltagere på vores kurser, som har været ligesom slanger. Jeg tænkte altid: *"Kære Gud, få dem til at holde sig væk!"* Men de blev ved med at komme tilbage. Det har altid været lærerigt at have dem med, fordi jeg ved, de vil gøre et eller andet ondt og ubehageligt på et eller andet tidspunkt. Men fordi jeg ved det, er jeg forberedt og kan håndtere det. Jeg begår ikke den fejltagelse at antage, at fordi de kommer til kurset, så har de lyst til at blive bevidste, eller at de rent faktisk vil blive bevidste på et tidspunkt. Jeg ved, at deres valg er at være antibevidste, og hvis det er deres valg, så er de ikke bevidste om de ting, de gør, og de vil vælge at ydmyge andre ved enhver given lejlighed.

Hvem er OLS'erne og klapperslangerne i dit liv?

Hvem er OLS'erne og klapperslangerne i dit liv? Vil du holde op med at kæmpe for at se det gode i dem og holde op med at dømme dig selv, fordi du ikke er i stand til at gøre det rigtige, så de holder op med at være så onde og lede?

Hvis du anerkender de OLS'er og klapperslanger, der findes omkring dig – ikke ud fra et dømmende synspunkt, men ud fra bevidsthed – giver du dig selv friheden til at undgå dem, og ellers vil du vide, hvordan du skal håndtere dem.

Vi har en veninde, som er akupunktør. Hun havde en klient, som var en storslået OLS. Hun spurgte mig, hvad hun skulle gøre med klienten, og jeg svarede: *"Bare giv hende behandlinger, men anerkend, at hun er en OLS."*

Et par uger senere ringede min veninde til mig og sagde: *"Jeg nægter at tro det! Jeg troede aldrig, hun ville ændre sig, men i dag sagde hun: "Jeg har været en frygtelig person hele mit liv. Jeg har været ond og led mod alle. Jeg har besluttet, at jeg vil være mor, og jeg kan ikke forestille mig noget barn, der vil have en mor, der er så ond, som jeg har været. Nu ændrer jeg mig!""*

Alt, du skal gøre, er at anerkende, hvordan en person er. Du behøver ikke forsøge at ændre dem.

FOLK, SOM IKKE GØR DERES ARBEJDE ORDENTLIGT

Har du nogen sinde mødt nogen, som ikke levede op til deres ansvar, eller som udførte deres job så dårligt, at du var nødt til at hyre nogle andre til at fuldføre det arbejde, de begyndte på? Har du tænkt over, hvordan de slipper afsted med det? Svaret er, at hvis du ikke er villig til at modtage alt, en person er villig til at gøre, inklusiv det gode, det onde og det dårlige, så kan du blive røvrendt.

Jeg havde engang en husholderske. Det var en, jeg kendte, en ven. En dag kom jeg hjem fra arbejde efter at have arbejdet virkelig hårdt. Jeg havde børnene i mine arme, da jeg gik ind ad døren, og jeg var udmattet. Huset var møgbeskidt.

Jeg sagde: *"Jeg troede, du gjorde rent i dag."*

Hun svarede: *"Det gjorde jeg også. Du skylder mig 500 kr."*

Jeg sagde: *"For hvad? Jeg kan kun se, at køkkenbordene er rene og vandhanerne skinner, men alt andet er et rod. Tæpperne skal støvsuges. Køkkengulvet er ikke blevet gjort rent."*

Hun sagde: *"Jamen, du skylder mig."*

Jeg sagde: *"Hvordan kan jeg skylde dig noget? Du har ikke gjort noget. Hvad får dig til at tro, du fortjener 500 kr?"*

Hun sagde: *"Fordi det gør jeg."*

Jeg sagde: *"Jeg troede, du var min ven. Vil du røvrende mig for 500 kr., fordi du synes, du fortjener det uden at have gjort rent? Hvad er det for et venskab?"*

Hun sagde: *"Det er bare forretning. Lad være med at tage det personligt."*

Har du nogensinde oplevet, at nogen gjorde sådan mod dig? *"Det er bare forretning."* Elsker du ikke bare, når nogen siger: *"Det er bare forretning"*? Det betyder, de kan gøre lige, hvad der passer dem imod dig, og de kan være så uetiske, som de vælger, og du skal bare tage imod det, og du er forkert, hvis du bliver fornærmet. Det er bare forretning. Det er ikke personligt. Jo, det er personligt!

Når nogen røvrender dig, så er det personligt. Er du nogensinde blevet udnyttet på den måde? Er du villig til at stå fast og være din storhed og sige til dem: *"Nej. Det her finder jeg mig ikke i."*

Bør du kun se det gode i andre?

Hvor meget af dig selv skal du lukke ned for ikke at opfatte, vide, være og modtage, hvor andre virkelig fungerer fra? Meget eller lidt? Meget. Nogle mennesker vil ikke tro på det. De har lært, de kun bør se det gode i andre, men hvis du ikke kan se tingene, sådan som de virkelig er, hvordan kan du så handle på den måde, der er påkrævet?

Du gør det, der skal til og er påkrævet i en situation, fordi du har bevidsthed om, hvad der foregår. Som i: *"Okay, det er koldt nok til at tage en jakke på."* Når du er fuldstændigt bevidst, modtager du al information. Hvis du bevæger dig ud i naturen og forventer, at den passer på dig, er du ikke villig til at se, at det bliver koldt. Du er ikke villig til at se, at der kommer regn. Bliver du gennemblødt? Bliver du kold? Ja. På samme måde foregår det i vores liv, når vi ikke er villige til at opfatte, hvad der kommer til at ske, kan vi ikke handle på mulighederne.

Meningen er, at du skal blive bevidst

Meningen er, at du skal blive bevidst og tillade dig selv at modtage, som du gør i naturen. Det betyder, at du ikke afskærer dig fra det, du opfatter om en anden person og mod bedre vidende beslutte, at: *"Okay, hende her er fin at samarbejde med."* Hvis du beslutter, at en person er ærlig, og de fortæller dig en løgn, lægger du så mærke til det? Eller tænker du: *"Hun kan da ikke have løjet for mig!"* Det kan hun gøre ti gange, før du endelig indser det: *"Ved du hvad? Hun er uærlig!"* Så uanset om hun siger noget, der er sandt eller ej, kan du ikke høre det. Du er *stadig* ikke bevidst.

Du har standarder, der definerer, hvad du vil modtage fra andre. Hvis du fjerner standarderne og tillader dig selv at modtage alt fra dem, så behøver du ikke have nogen forudindtagede holdninger, når du møder dem. Du kan spørge dig selv: *"Okay, så hvem har jeg foran mig her? Hvad foregår der? Hvad foretager de sig?"*

Hvis de lyver for dig, kan du bare sige til dig selv: *"Nå, det var en løgn. Okay, interessant. Gad vide, om de vil fortælle andre løgne?"* Du begynder at lægge mærke til, hvad de lyver om. Og så indser du: *"Ah, så hvis jeg gør sådan her, lyver de for mig, indtil de får alle mine penge. Men på det her andet område i livet er de ærlige. Okay, cool. Jeg vil gerne være med til den del, men ikke den anden del."*

Er du villig til at modtage al information?

Hvis du går ind i en butik, hvor de sælger DVD afspillere, og spørger efter en bestemt model, og salgsassistenten siger til dig: *"Nej, den model har vi ikke længere. Den er udgået,"* fortæller han så sandheden? Hvis du er villig til at modtage al information på samme måde, som når du er ude i naturen, vil du vide, at han ikke fortæller dig sandheden.

Det, der i virkeligheden foregår, er, at de ikke har den model i forretningen, og salgsassistenten vil gerne sælge dig den model, de har. Han vil ikke have, du går ud af butikken, før du har købt noget. Han siger ikke engang: *"Men jeg kan skaffe dig den model."* Han vil have, du skal købe det, de har på lager. Hvis du er villig til at modtage al information, så vil du vide, hvad der foregår, og du kan sige til dig selv: *"Okay, det her er ikke et sted, jeg har lyst til at handle. De kommer ikke til at give mig det, jeg er på udkig efter. De er ikke interesseret i at betjene mig. De er kun interesseret i at få mine penge."*

Hvad kigger du efter, når du går ud for at købe noget? Søger du en salgsassistent, der vil tage sig godt af dig? Når du går ind i en butik, og nogen er virkelig venlig imod dig og siger: *"Hej, godt at se dig! Hvordan går det?"* Vil de så tage sig godt af dig? Nej. Men hvad, hvis nogen siger: *"Hej, hvad kan jeg gøre for dig?"* når du går ind i en butik? Hvis de stiller det spørgsmål, er de muligvis interesseret i dig.

Hvem sagde, du var Gud?

Hvis du ikke indser, når nogen gør noget uetisk, ledt, ondsindet, uvenligt, ondskabsfuldt eller noget, der skaber splittelse, så sker der det, at du påtager dig ansvaret. Du tror, at: *"Hvis jeg havde gjort det anderledes, så ville han ikke have gjort, som han gjorde. Jeg må have gjort noget forkert. Hvad er der i vejen med mig?"*

Du er ikke villig til at indse, at du ikke selv ville gøre noget ondsindet eller uvenligt. Du har måske følt dig fristet, men du ville ikke vælge at gøre det. Du påtager dig skylden. Hvorfor gør du det? Hvorfor er du ansvarlig for andre menneskers valg om at være onde og uvenlige? Er du ansvarlig for hele verden? Hvem sagde, du var Gud?

Det er i hvert fald et synspunkt, jeg har haft! *"Hvis jeg var Gud, ville verden fungere ordentligt."* Men når du har det synspunkt, ser du altid efter, hvordan den anden ville have valgt anderledes, hvis bare du havde gjort noget andet. Nej. Nogle mennesker gør bare sådan noget. Vil du venligst gøre krav på, tage ejerskab over og anerkende, at nogle mennesker bare godt kan lide at være onde?

Når du dømmer dig selv, er du så bevidst?

Når du bebrejder dig selv, hvad andre gør eller ikke gør, hvem dømmer du så? Dig selv. Og når du dømmer dig selv, er du da bevidst? Er du i stand til at se, at de vælger at være onde, fordi de kan lide det? Nej. Du antager, at du har ikke har prøvet hårdt nok, og at hvis du havde gjort det bedre, så ville de ikke have været uvenlige.

Når nogen stjæler dine penge, er det så fordi, du lader dem gøre det? Er det, fordi du ikke var opmærksom nok, eller fordi du ikke undersøgte nok, hvem de egentlig var, eller er det, fordi de godt kan lide at stjæle? En person, som kan lide at stjæle, kan lide at stjæle. Hvis du finder dig til rette med det faktum, at du ikke er ansvarlig for de valg, andre træffer, vil du kunne se, hvad de vil gøre, før de gør det.

Du kan blot sige til dig selv: *"Okay, sådan kan de finde på at vælge. Interessant synspunkt."* Og når de så gør det, siger du: *"Ved du hvad? Nu er det nok. Jeg vil ikke lege den her leg med dig længere. Du kan gå nu, ellers gør jeg det."*

Du skal ikke forsøge at få tingene til at blive okay. Du skal ikke forsøge at holde et venskab eller en forretningsforbindelse ved lige i den tro, at hvis du bare kunne gøre det rigtige, eller hvis du gjorde det bedre, eller hvis du forandrede dig, så ville de pludselig forstå, hvad du taler om. Det kommer ikke til at ske.

HVAD GØR DU, NÅR DU ER BLEVET SNYDT I EN FORRETNINGSAFTALE?

Hvad gør du, når du er blevet snydt i en forretningsaftale eller i et forhold? Er det nemmere at prøve at tage noget tilbage fra nogen – eller at skabe noget nyt? I stedet for at kigge på fortiden, og hvad der skete eller ikke skete, så vend din opmærksomhed mod at skabe en fremtid, hvor du skaber mere, end hvad du har nu.

Der findes folk, som har stjålet bidder og dele fra Access og skabt deres egne programmer baseret på det, de har lært fra mig. Er det deres? Ikke et gram af det. De har stjålet det hele fra mig. De har omskrevet nogle enkelte ting, kaldt dem noget, der er en smule anderledes og underviser i mit materiale, som om det var deres. Jeg kunne sagsøge dem, fordi det er mit materiale, som jeg ejer rettighederne til. Men jeg vil hellere bruge en time på at hjælpe nogen, der gerne vil blive bevidste end på at kæmpe for at stoppe nogen, som aldrig kommer til at blive bevidste. Desuden ved jeg, at det materiale, de har stjålet, aldrig kommer til at fungere for dem.

Vil uetiske mennesker i sidste ende stoppe deres handlinger?

Vil uetiske mennesker i sidste ende stoppe deres handlinger? Nej. De tror ikke på karma. De kommer ikke til at tage livet af sig selv. De vil fortsætte med at tage røven på andre mennesker, lige så længe de kan. Og efter de dør, kommer de tilbage og gør det samme igen, fordi de kan lide at gøre det. Vil du gøre krav på, tage ejerskab over og anerkende, at nogen mennesker bare godt kan lide at være onde og lede? Det er det eneste, de er gode til. Det er deres styrke i livet. Når nogen er god til noget, bliver de ved med at gøre det.

Hvis du er villig til at se, at nogen er en OLS eller en klapperslange, vil du ikke blive udnyttet. Det kan du ikke blive. Men fordi du er venlig, omsorgsfuld, kærlig og alt det, du virkelig er, ser du ofte ikke andre, som de virkelig er. I stedet dømmer du dig selv som forkert. Men sandheden er, at du ikke er uetisk, du ikke er ondskabsfuld, og du ikke er ondsindet. Det betyder desværre, at du er afslappet, elsker sjov og nemt kan blive udnyttet, og alle ser dig som et fjols. Men du er kun et fjols, så længe du ikke er villig til at identificere de mennesker, som er villige til at være lede og ondskabsfulde.

Kan folk udnytte dig, hvis du kan opfatte, hvad de vil gøre?

Så længe du er bevidst, kan du ikke blive udnyttet, fordi du kan sige: *"Nej, det vil jeg ikke gøre."* Du har et valg. Så længe du er bevidst, vil du ikke forvente, at folk opfører sig anderledes end det, de gør.

Det er, når vi forventer, at folk handler på samme måde, som vi selv ville gøre, at vi bliver taget ved næsen. Folk handler, som de handler, og det er du nødt til at indse. Hvis du ikke er villig til at modtage den information, vil du blive udnyttet.

Du er nødt til at modtage al information uden at dømme. Se på det, der foregår. Det er ikke: *"Wow, jeg skal passe på!"* Det er: *"Wow, jeg skal være bevidst!"* Hvis du er bevidst, vil ingen kunne udnytte dig, men hvis du er forsigtig og passer på, så kan alle udnytte dig.

Da Dain var på udkig efter en BMW, besøgte vi et sted, hvor de havde annonceret med en til salg. Vi ringede om morgenen, og de sagde, at de havde den endnu. Men da vi kom derhen, sagde sælgeren: *"Ah, den har vi allerede solgt. Det gør ikke noget. Vi har de her Porsche Boxsters. Der er mange, der ringer og forhører om BMW, og jeg har gjort det samme mod ti andre personer. Jeg får dem til at prøve den her bil i stedet for."*

"*Jeg har gjort det her mod dem,*" sagde han.

Vi vidste det. *"Farvel og tak!"*

Vi gik vores vej.

HVORDAN HÅNDTERER DU OLS'ER OG KLAPPERSLANGER?

Hvordan håndterer du vanskelige personer som OLS'er og klapperslanger? Du gør det uden at være investeret i det. Du er ikke investeret i, hvad udfaldet bliver.

Når du beder om at have noget i dit liv, hvad end det er, du beder om at modtage, kan du ikke være investeret i udfaldet. Forstår du, hvad vi mener med dette? Hvis jeg tænker, jeg gerne vil have en million kroner, og jeg skal have dem fra dig, så er jeg investeret i udfaldet. Jeg kræver: *"Giver du mig så den million kroner? Giv mig min million kroner!"* Det er at være investeret i udfaldet.

"Jeg skal have en million kroner" betyder: *"Jeg er nødt til at gøre sådan her – og sådan her – og sådan her. Jeg har brug for en million kroner, så jeg er nødt til at gå igennem den her byggeproces til tre millioner kroner, så jeg er nødt til at lade mig trampe på af denne her person, krybe for denne person, jeg er nødt til at lade banken snyde mig ved enhver given lejlighed, og til slut ender det hele godt."*

Men når du ikke er investeret i udfaldet, kan du spørge: *"Hvad er de uendelige muligheder for, at en million kroner kommer ind i mit liv inden for de næste to år, eller det næste år eller inden for seks måneder?"* Du tillader, at den information, som vil gøre det muligt for dig at modtage pengene, kan komme til dig.

Den nemmeste måde at håndtere vanskelige personer på, er ved at være i tilladelse. Hvis du ved, at en person er en klapperslange, vil du så tage ham med i seng? Hvis du ved, at en person er en klapperslange eller en OLS, kan du sige: *"Interessant synspunkt. Han tror, han kan slippe afsted med det der."* Hvis du holder hovedet koldt, og du er til stede med det, du er bevidst om, så ved du, at han vil prøve at snøre dig. Mens du snakker med ham, vil du være bevidst og ikke lade ham slippe afsted med noget.

Hvis du siger: *"Ej, han er virkelig en rar person,"* så er det slut. Hvis du siger: *"Han kommer til at få som fortjent!"* Så er du i konflikt. Når du er i konflikt med nogen, bliver energien låst fast. Det er ikke en god idé at lade energi være fastlåst. Det er bedst at lade den strømme frit. For at det kan ske, er du nødt til at være i tilladelse af det, der sker. Du er som en sten i et vandløb, og vandet strømmer omkring dig. Hvad andre mennesker end gør, er det bare et interessant synspunkt, og når alt blot er et interessant synspunkt, er du som stenen i vandløbet, og vandet – eller energien – fortsætter med at strømme.

SLÅ BENENE VÆK UNDER DEM

Da jeg begyndte at undervise, plejede jeg at sige: *"Når folk skubber energi imod dig, skal du være i stand til at trække så meget energi fra dem, at de stopper."*

En dag tænkte jeg: *"Jeg hader sælgere, især når de ringer midt i aftensmaden. Hvad mon der ville ske, hvis jeg trak energi fra dem?"* Telefonen ringede klokken seks hver aften, og det var altid en sælger, og de forsøgte altid at sælge mig noget. Jeg besluttede mig for at ændre det. En aften, hvor telefonen ringede, sagde jeg: *"Okay, det er en sælger. Jeg ved, det er en sælger."*

Jeg løftede røret og sagde: *"Hej,"* og jo, det var en sælger. Han begyndte på sin salgstale, og jeg begyndte at trække energi fra ham.

Jeg sagde: *"Det er virkelig fedt! Sådan nogle har jeg været på udkig efter. Kan du sende mig to af dem?"*

Han sagde: *"Øhm, jo! Kan jeg få nummeret på dit kreditkort?"*

Jeg sagde: *"Selvfølgelig. Det her er præcis, hvad jeg har ledt efter."*

Jeg kunne mærke ham tænke: *"Det her stemmer ikke, det stemmer ikke, det stemmer ikke."*

Han lagde på. Mindre end fem minutter efter ringede telefonen igen: *"Mr. Douglas? Jeg er supervisor for ham, du lige talte med."* Jeg sugede energi som en vanvittig gennem hver eneste centimeter af min krop og min væren. Han spurgte mig: *"Har du bestilt det her?"*

Jeg sagde: *"Ja, det har jeg, og jeg glæder mig virkelig til, at det kommer!"*

Han sagde: *"Mange tak, Hr. Douglas."*

Folk, som sælger noget, har brug for en barriere

Jeg fik aldrig det, jeg bestilte, og jeg betalte heller ikke for det. Hvorfor? Fordi folk, som vil sælge dig noget, har brug for en barriere. De ved, du har en barriere, og hvis de kan nedbryde den, så lykkes de med salget. Men hvis du ikke sætter en barriere op, og du trækker energi fra dem, tror de, der er noget galt – du må være skør, du lyver, eller du prøver at betale med en anden persons kreditkort. Noget må være helt galt, hvis du ikke har en barriere, og du ikke gør modstand eller reagerer.

Fra et vindue i mit hus kan jeg se, når der kommer sælgere op til min dør. Når jeg ser dem, begynder jeg at suge energi fra dem, fordi jeg ved, de vil prøve at nedbryde mine barrierer. Gangen op til min hoveddør er en flad cementgang, men fordi jeg trækker energi, går de næsten i knæ, før de når til døren.

Når jeg åbner døren, siger jeg: *"Hej, hvordan går det?"* og trækker energi.

De siger: *"Hej, jeg sælger det her, og det er ikke særligt godt, og du har virkelig ikke lyst til det."*

Jeg bliver ved med at trække energi, og de siger: *"Lige meget. Farvel."*

De har ingen idé om, hvorfor de sagde sådan til mig.

En bilsælger kan fx sige: *"Jeg har denne her fantastiske lastbil, og den har virkeligt gode køreegenskaber."* Når du trækker energi, så siger han: *"Og gearkassen går snart i stykker, og den er virkelig ikke pengene værd. Jeg nægter at tro, jeg lige sagde det!"* De gør det konstant. Du skal bare trække energi som en vanvittig, når de skubber energi mod dig.

Hvis du trækker voldsomt meget energi fra nogen, som skubber energi mod dig, vil de fortælle dig alle grundene til, du ikke bør købe deres produkt. Det virker også med religiøse folk, som banker på din dør. Hvis du lader dem komme ind, og du bare trækker energi fra dem som en vanvittig, så går de igen.

Der plejede at komme religiøse folk og banke på hos mig. Jeg var klar over, hvem de var, og jeg åbnede døren, trak energi som en vanvittig og sagde: *"Hej, hvordan går det?"*

Og de sagde: *"Hej, vi er her på vegne af Gud,"* eller hvad det nu var.

Jeg sagde: *"Fedt! Jeg vil rigtigt gerne lytte til alt, I har at sige. Har I noget imod, jeg kanaliserer nogle budskaber for jer?"*

De forlod mit hjem med lynets hast, og mit hus kom på listen over huse, man skal undgå. De kom aldrig tilbage igen.

Hvordan trækker du energi?

Hvordan trækker du energi? Du beder blot energien om at trække. For ikke så længe siden fortalte nogen mig, hvordan det havde virket med en politimand. Hun blev stoppet for at køre for hurtigt, og hun sugede energi. I stedet for at give hende en bøde, sagde politimanden: *"Lad være med at gøre det igen."* Du kan bruge dette på alle mulige områder. Så længe du suger energi fra nogen, kan de ikke opføre sig aggressivt. Aggression stopper, når du trækker energi.

Du kan gøre sådan her for at øve dig: Gå ind på en café, hvor der er mange mennesker. Stil dig lige inden for døren og træk energi fra alle mennesker i lokalet, indtil de alle vender sig og kigger på dig.

Du beder blot energien om at trække: *"Okay, jeg trækker energi fra alle her i lokalet, indtil de vender sig om og kigger på mig."*

Folk vender sig og kigger på dig, og du vil tænke: *"Fedt!"* Det er alt, der skal til. Det kræver ikke arbejde. Det kræver ikke anstrengelse. Det er let.

HVORDAN FÅR DU PENGE TILBAGE, NÅR NOGEN SKYLDER DIG?

Det hænder, at folk spørger mig: *"Hvordan får jeg penge tilbage, som andre skylder mig?"* Hvis nogen skylder dig penge, skal du trække energi fra dem med hver eneste centimeter af din krop og din væren, indtil du mærker dit hjerte åbne op. Når det sker, har du forbundet dig med dem. Så lader du en lille strøm gå tilbage til dem. Fortsæt med at gøre det hver dag, 24 timer i døgnet. De vil ikke være i stand til at få tanken om dig ud af hovedet, før de har betalt dig tilbage.

Gør dette uden at være investeret i udfaldet. Beslut dig for at bevare denne forbindelse til dem, og at du bliver ved med at lade energi flyde hen imod dig, indtil de penge, de skylder dig, kommer til dig med strømmen.

Hvordan virker det?

Når nogen skylder dig penge, sætter de en barriere op. Hvis du trækker energi fra dem og lader en lille strøm flyde tilbage, kan de ikke holde op med at tænke på dig. Jo mere de tænker på dig, des mere skyldige føler de sig. Jo mere skyldige de føler sig, des mere sandsynligt er det, at de betaler dig. Det virker!

Prøver du at få penge tilbage fra nogen, som er afgået ved døden? Gør det samme. Så kommer de til dig i en anden krop og giver dig penge, og du vil undre dig: *"Hvorfor giver ham her mig penge?"* Han fik sig en ny krop, og han er kommet tilbage. Du er et uendeligt væsen, ikke? Tror du, at det kun er én livstid, der tæller?

Har du nogensinde mødt nogen, som brugte mange penge på dig eller købte noget fra dig eller gav dig et job eller en stor sum penge, og du anede ikke, hvorfor de gjorde det? De kendte dig ikke rigtigt, og de kom og gav dig en stor sum penge, du ikke rigtigt gjorde noget for at få? De lagde pengene og forsvandt ud af dit liv? Hvis det er sket for dig, er det, fordi de skyldte dig fra en anden livstid.

KAPITEL FEM:

AT GIVE OG MODTAGE

DET BEDSTE, DU KAN GØRE, ER AT LÆRE AT MODTAGE

Vi har arbejdet med mange mennesker omkring deres pengeproblemer. Vi har arbejdet med personer, som havde 50 kr. på lommen og personer, som havde 50 mio. kr. Det interessante er, at de alle havde det samme problem – og det har intet at gøre med penge overhovedet. Det har at gøre med, hvad de er villige til at modtage.

Det bedste, du kan gøre, er at lære at modtage. Begrænsninger omkring penge, begrænsninger omkring sex, begrænsninger om hvad som helst i dit liv er baseret på det, du ikke er villig til at modtage. Det, du ikke er villig til at modtage, skaber begrænsningen for, hvad du kan have.

HOLDNINGER OG FORDOMME BEGRÆNSER DIN KAPACITET FOR AT MODTAGE

Når du dømmer noget, uanset om det er som positivt eller negativt – enhver form for dom om noget – så stopper du din kapacitet til at modtage noget, der ligger ud over den dom. Enhver dom, du laver, afholder dig fra at modtage noget, der ikke matcher den. Selv når du dømmer noget som positivt, som: *"Denne person er perfekt!"* afholder dig fra at se de steder, hvor de ikke er perfekte. Hvis du beslutter, at du har giftet dig med den perfekte kvinde, er du så i stand til at se, hvor hun ikke er perfekt? Kan du se det, når hun er dig utro? Nej. Du er ikke i stand til at modtage alt om den person, og hvad de virkelig er.

Alt, vi ikke er villige til at modtage, er baseret på vores holdninger og fordomme. Behøver du at leve i fordømmelse? Nej. Rent faktisk er du nødt til at leve uden at dømme noget. Hvis du kan leve fra et sted, hvor du ikke dømmer, kan du modtage verden i sin helhed. Du kan få alt, du nogen sinde har ønsket. Når du ikke dømmer, er der intet, du ikke kan modtage.

Jeg arbejdede med en mand, som havde en butik med herretøj i en del af byen, hvor der boede mange homoseksuelle mænd. Hans forretning gik ikke godt, og han bad mig om hjælp til at finde ud af, hvad problemet var. Vi undersøgte alting, og det så alt sammen ret godt ud. Jeg tænkte: *"Hvad afholder ham fra at være succesfuld?"*

Jeg sagde: *"Fortæl mig om dine kunder."*

Han sagde: *"Åh, de er ret flinke, undtaget de der fyre."*

Jeg sagde: *"De der fyre? Hvem er de der fyre?"*

Han sagde: *"Åh, du ved, svanserne, der kommer ind og flirter med mig. Jeg hader, når de kommer ind og lægger an på mig!"*

Jeg sagde: *"Ved du hvad? Der har du begået en fejltagelse, fordi du ikke vil modtage dine kunders energi. De kommer ikke til at give dig nogen penge, hvis du ikke er villig til at have deres energi."*

Han sagde: *"Hvad mener du?"*

Jeg sagde: *"Du er nødt til at være villig til at modtage deres energi, hvis du gerne vil have deres penge. Du er nødt til at flirte og have det sjovt med dem."*

Han sagde: *"Det kunne jeg aldrig finde på! Jeg er ikke interesseret i at have sex med en mand."*

Jeg sagde: "*Jeg sagde ikke, du skulle have sex med dem. Jeg sagde, du var nødt til at flirte med dem. Du flirter da med kvinder, gør du ikke?*"

Han sagde: "*Jo, når min kone ikke er i nærheden.*"

Jeg sagde: "*Så flirt bare med en mand. Det betyder ikke, du skal have samleje med ham. Det betyder bare, at du er villig til at modtage den energi, han giver dig, og så kan du også modtage hans penge.*"

Han lærte at havde det sjovt og flirte med sine kunder, og han begyndte at tjene masser af penge. Han dømte det at modtage sine kunders energi, og det skabte en begrænsning i forhold til, hvad han kunne modtage økonomisk. Det samme er sandt for dig. Det, du ikke er villig til at modtage energetisk, bliver begrænsningen for det, du kan skabe penge med.

HVAD ER DU HELT OG ALDELES UVILLIG TIL AT MODTAGE?

Nu stiller vi dig et spørgsmål, og vi vil gerne have, du skriver det første ned, der falder dig ind – eller sig det højt, især hvis det overhovedet ikke giver nogen mening for dig. Formålet med spørgsmålet er at låse op for det, du er uvillig til at modtage. Hvad du end er uvillig til at modtage, skaber en begrænsning i det, vi kan skabe i vores liv. Det begrænser, hvad vi kan have.

Her er spørgsmålet: Hvad er du helt og aldeles uvillig til at modtage, som hvis du var villig, ville manifestere sig som total overflod?

Vi stillede spørgsmålet til en gruppe mennesker. Her er nogle af de svar, de kom på. Gælder nogen af dem for dig også?

At folk ikke kan lide mig	*Fordømmelse*	*Sundhed*
Kærlighed	*Sex*	*Selv*
Intimitet		

Hvad er du helt og aldeles uvillig til at modtage, som hvis du var villig, ville manifestere sig som total overflod? Hvad er på din liste? Kan du se nogle af dine svar blandt de her?

Ansvar *Min egen storhed*
Succes *Noget, jeg skal være en slave af*
At være mærkelig og anderledes *At have det godt med at have det sjovt*

Hvad er du helt og aldeles uvillig til at modtage, som hvis du var villig, ville manifestere sig som total overflod? Hvad bragte det op for dig denne gang? Indeholder dine svar nogle af disse elementer?

Nemme penge *At være overvældet* *Omsorg*
At være forkert *Evnen til at skabe* *Hjælp*
At blive slået i ansigtet *At være glædesfyldt* *At tage risici*

Er det ikke interessant? Fordi du ikke er villig til at modtage disse ting, kan du ikke have overflod. De fleste har nogenlunde de samme udfordringer. Din uvillighed til at modtage, hvad end der kom op for dig, sætter en begrænsning for, hvor mange penge du kan have. Det begrænser, hvad du kan have på alle måder. Det er det, vi er uvillige til at modtage, som er problemet. Hvad hvis du var villig til at modtage alt og alle?

Hvilken energi har du besluttet, du ikke kan modtage? Hvilke holdninger og fordomme har du, som afholder dig fra at modtage uden begrænsninger? Når du læser disse spørgsmål, dukker der måske noget op for dig inde i dit hoved. Det er et svar fra – gæt hvor – den sindssyge del af dit sind, fordi det er det, der skaber alle dine begrænsninger. Din logiske sans retfærdiggør alle disse sindssyge begrænsninger. Det finder på de beslutninger og fordømmelser, der gør, at begrænsningerne kan eksistere.

Det gode ved alt dette er, at svaret fra dit sindssyge sind, som dukker op inde i dit hoved, ikke blot viser dig, hvor din begrænsning er, det er også svaret, som vil gøre dig fri. Din logiske sans retfærdiggør det sindssyge synspunkt, du allerede har.

Så hvilken energi er du uvillig til at modtage?

Jeg roder ikke rundt med gifte kvinder

For mange år siden, da jeg var i trediverne, trænede jeg heste. På det tidspunkt planlagde jeg at tage seks måneder til Europa, og jeg mødte en kvinde, som boede i Montecity, en fornem del af Santa Barbara. Hun ville gerne have, jeg trænede nogle heste, hun havde, så jeg tog ud og red hendes heste. Hun syntes, jeg var ret lækker og tjekkede mig ud og lagde an på mig. Min reaktion var en fordømmelse: *"Jeg roder ikke rundt med gifte kvinder."* Hendes mand var advokat, og jeg tænkte, at det sidste, jeg havde brug for, var at blive involveret i den slags. Jeg kunne ende med at få alvorlige problemer.

Så jeg tog til Europa og var væk i seks måneder. Da jeg kom tilbage, begyndte hun at ringe til mig igen. Baseret på min holdning fra tidligere afviste jeg hende igen og igen og ville ikke have noget med hende at gøre.

To måneder senere fandt jeg ud af, at hun havde giftet sig med en fyr, der lignede mig så meget, at han kunne have været mig bror. Jeg antog, at hun var gift, men i virkeligheden var hun blevet skilt fra sin mand, mens jeg var i Europa. Det havde ingen fortalt mig.

Seks måneder efter hun blev gift igen, døde hun af en hjerneblødning og efterlod sin nye mand over 400 mio. kroner. Tror du, mine holdninger og fordømmelser havde en indflydelse på mit liv? Hvilke fordømmelser har du, som kan have en lige så ødelæggende virkning i dit liv?

UDE AF KONTROL VS. INGEN KONTROL

Vi har en tendens til at kontrollere os selv med de begrænsninger, vi skaber. Vi skaber kontrol for os selv i forhold til, hvad vi er villige til at modtage, hvad vi ikke vil modtage, hvad der er muligt, og hvad der ikke er muligt, hvordan vi synes, tingene skal se ud, og hvordan vi gerne vil have, de skal se ud. Vi tror, vi har kontrol over tingene på den måde. Men det er ikke en god idé at have kontrol – det er en god idé at være ude af kontrol. Du skal nå til det sted, hvor du er villig til at være totalt ude af kontrol.

Jeg taler ikke om at være ude af kontrol som at være døddrukken og vælte rundt. Jeg taler heller ikke om at være ude af kontrol som at ræse ned ad motorvejen med 1.000 km i timen. Jeg taler heller ikke om at tage alt tøjet af midt på gaden eller noget i den dur. Det er ingen kontrol. Det, du skal gå efter, er at være ude af kontrol. Problemet i dit liv er, at du ikke er ude af kontrol.

Vi bruger ofte meget tid på at bade i fordømmelse, mens vi forsøger at regne ud, hvordan vi kan kontrollere os selv, så vi kan klare os i denne verden. Når vi er ude af kontrol, er vi villige til at eksistere uden for normalitetens kassetænkning og de referencepunkter, vi normalt fungerer ud fra. At være ude af kontrol er ikke at være ukontrolleret, og det er ikke at være døddrukken og vælte rundt. Det handler om ikke at lade dig kontrollere af andre menneskers synspunkter eller af andre menneskers virkelighed, meninger og beslutninger. At være ude af kontrol er at fjerne de steder, hvor du forærer dele af dit liv bort til andre og har gjort andre mere magtfulde end dig. At være ude af kontrol er ikke længere at være en effekt af andres handlinger, men at være kilden til dit eget liv.

Det er en god idé at være ude af kontrol, fordi du har en fast definition af dit liv. Du lever dit liv i en veldefineret og begrænset kasse. Du har selv skabt den kiste, som du kalder dit liv. Du tror, du er i live, men du lever i en kiste. Hvis du ville nedbryde de begrænsninger, ville du kunne begynde at skabe ud fra en fornemmelse af at være ude af kontrol.

Når du er villig til at være ude at kontrol, er du villig til at leve uden for den kiste, du har skabt som dit liv. Du skuer ikke mod fortiden som kilden til det, du kan skabe i fremtiden. Du begynder at leve i øjeblikket. I stedet for at forsøge at finde svar ud fra dine begrænsede synspunkter, giver du universet tilladelse til at give dig svaret.

GIV-OG-TAG VS. AT VÆRE GIVENDE OG MODTAGENDE

Verden er ret meget baseret på en giv-og-tag-praksis. Der findes et synspunkt, som dikterer, at hvis jeg giver dig det her, så giver du mig det der. Vi hænger alle fast i en udvekslingsmodalitet. Hvis jeg giver dig oralsex, så føler du dig forpligtet til at give mig oralsex. Det er en udveksling. Jeg gør det her, så nu skal du gøre det der.

Når du derimod er givende, foregår der ingen separat udveksling. Du giver uden at forvente noget retur, og som et resultat deraf modtager du samtidigt uden begrænsninger. At give er at modtage, og at modtage er at give, alt sammen på samme tid. Når man er givende og modtagende, har du de elementer, der tillader dig at have en fornemmelse af samhørighed med alting. Når du er ude i naturen for eksempel, er den så givende? Forventer naturen noget retur?

Naturen giver alt, den har, hele tiden, og på samme tid modtager den fra alting. Frugttræerne laver frugt og giver til dig fuldt ud, konstant. Holder de noget som helst tilbage?

Når du har et bed fuld af smukke blomster, giver de deres duft og skønhed til dig og beder om intet til gengæld. Det, de modtager fra dig, er den energi, du giver dem og den taknemmelighed, du har for deres skønhed.

I stedet for at være givende og modtagende, lever de fleste af os i en verden af giv-og-tag. Vi siger: *"Jeg giver dig det her, men jeg forventer noget retur."* Vi giver en gave ud en idé om, at vi får noget tilbage. Hvor ofte, når nogen giver dig noget, ved du, at giveren forventer, du gør noget for dem, giver dem noget, bidrager til dem eller på anden måde fungerer på en bestemt måde for dem? Det meste af tiden? Det er korrekt. *"Hvis du giver mig det her, så må du give mig det der."* Det er giv-og-tag.

Når du lever i en giv-og-tag-verden, eliminerer du det at give. Det er en stor fejltagelse, for når du giver til nogen, i sandhed giver til dem, modtager du samtidig i overflod ud over alt, hvad du kan forestille dig. Hvis du virkelig giver uden forventning, modtager du i overflod på alle måder. Men på denne planet giver vi som oftest kun, når vi er forpligtet til det. Det er sådan, vi fungerer på arbejde; i en udvekslingsvirkelighed af giv-og-tag, ikke overflod.

Hvordan ville det være i din verden, hvis du havde en generøsitet i ånden, som ville tillade dig at være givende uden nogen sinde at forvente at modtage noget retur? Ville det ikke være vidunderligt? Hvorfor tillader du ikke, at det kommer ind i dit liv? Måske er det, fordi du ikke forventer, at folk modtager det, du giver dem – og det gør de heller ikke.

Folk, som ikke kan modtage

Folk, som ikke kan modtage det, du giver dem, sender din gave retur ledsaget af at par knive. De er nødt til at vise dig, hvor meget de ikke kunne lide det, du gav, fordi de var ude af stand til at modtage det i første omgang.

En kvinde fortalte mig om hendes far. Hun forsøgte at fortælle ham, hvor meget hun holdt af ham, og han svarede: *"Ja-ja, min skat, det er fint."* Han kunne ikke modtage det. Når du forsøger at give noget til nogen, som ikke kan modtage det, du siger eller giver dem, så vil de altid afvise det. Hvorfor det? De tror ikke, det er okay at modtage.

Folk, som giver for meget

Nogle mennesker giver og giver og giver i den tro, at andre vil kunne lide dem, fordi de giver så meget. Er det at være givende? Nej, fordi det er at forvente noget til gengæld. Virker det? Kan den anden person bedre lide dem? Nej. Som regel siger de: *"Ej, jeg tager noget mere af det – og mere af det – og hvad har du ellers at byde på? Det tager jeg også."*

Har du nogen sinde haft for vane at give for meget? Giver du dine børn for meget? Er de taknemmelige for det, du giver dem? Med mine børn virkede det som om, at jo mere jeg gav, des mere tog de. Som min ven Mary siger, så er børn villige til at tage dit sidste åndedrag fra dig, og de siger aldrig tak. De forventer, du skal give til dem hele tiden, og de tager altid fra dig. De ser ikke, at det, der gives, bør æres. De overvejer ikke, at det, du giver dem, er en gave; de tænker, at hvad end du giver dem, så er det noget, du skylder dem.

Når du giver til nogen, som føler sig *berettiget* til at modtage eller som tænker, du *bør* give til dem, fordi du har penge, eller fordi du kan – det er ikke særligt rent. Der er ikke ægte glæde i det, du giver, eller i modtagelsen af det. Hvis du har en ven, som ikke har nok, prøver du måske at give ham noget for at hjælpe ham, kun for at opdage, at du giver ham noget hele tiden, og det stopper aldrig. Det er det, der sker, når du fungerer ud fra giv-og-tag-programmet. Er det muligt, at du med alt det, du giver, tror, du ikke bør modtage? Er det muligt, du altid føler, du skal give, men aldrig modtage?

Nogle mennesker giver for at få andre mennesker til at føle, de er mindre værd end dem. Vi kender en kvinde, som gav andre mennesker vanvittigt dyre gaver hele tiden. En af hendes venner, der havde det svært med det, sagde til mig: *"Jeg kan ikke give hende noget til gengæld, fordi jeg kan ikke matche det beløb, hun har brugt på mig."* Vi talte lidt om det, og hun indså, at hendes vens given var en måde at skubbe andre mennesker væk på, så selvom de modtog mere, ville de føle sig mindreværdige.

Giv-og-tag og at være givende og modtagende forekommer i alle former for relationer. Hvis du er i et forhold, hvor du tror, du skal give 150 %, ender du som regel sammen med en, der er villig til at tage 150 %. Du får ikke nogen, der giver lige så meget som dig. Men når du virkelig er givende og modtagende i et forhold, så giver personen til dig og modtager på samme tid som følge deraf. Du giver til dem og modtager på samme tid.

Holder du regnskab i din verden af giv-og-tag?

Folk, der er blevet nægtet at have noget, udvikler ofte følgende synspunkt: *"Det her er mit, og jeg ved, hvor meget jeg har, og du har fandeme bare ikke at tage så meget som et gram fra mig!"* De holder nøje regnskab i en giv-og-tag-verden. Kender du nogen, som altid skal have balance i regnskabet? De kan finde på at sige ting som: *"Regningen er på 245 kr. Hvis vi deler den, er det 122,50 kr. hver. Okay, du skylder mig 122,50 kr."* Eller: *"Det er min mad. Lad være med at spise mine avocadoer!"* Resultatet af denne måde at tænke på er, at de ikke har overflod i deres liv. Du kan ikke leve i en verden, hvor du holder nøje regnskab med alt, der kommer og går og tro på, at du kan have overflod i dit liv. Hvad ville der ske, hvis du indtog et helt andet synspunkt: *"Vil du gerne have det? Så tag det!"*

Når du gør dig fri fra ideen om, at du skal have din andel, kan du opleve universets overflod. Hvis du er total overflod, bekymrer du dig så over, at din sambo spiser den avocado, du troede var din? Hvis du er et ubegrænset væsen med ubegrænsede ressourcer med ubegrænsede muligheder, hvordan kan nogen så nogen sinde tage noget fra dig? Tænk over det. Kan du nogen sinde give for meget?

Universet er uendelig overflod

En af de måder, jeg brugte til at ændre mit synspunkt om at give og modtage, var at øve mig i at give uden forventning. En af mine venner og jeg gik engang på en restaurant. Jeg bestilte en kop kaffe og en donut, og min ven bestilte en kop kaffe. Servitricen var omkring 45 år gammel. Først kom hun med en ske til min ven, så gik hun tilbage og hentede en ske til mig. Så kom hun med min kaffe. Så gik hun tilbage igen og hentede teen, så fløden og så donutten.

Jeg spurgte hende: *"Har du haft en hård dag?"*

Hun fik tårer i øjnene og sagde: *"Jeg har aldrig arbejdet før. Det her er det første job, jeg nogen sinde har haft. Jeg aner ikke, hvad jeg skal gøre. Jeg er overvældet."*

Jeg sagde: "Du skal ikke bekymre dig, det bliver nemmere. Du vænner dig til det."

Hun sagde: "Tak, det er pænt af dig at sige."

Hun kom med regningen til os, og den var på 33 kr. Jeg gav hende 60 kr. Da vi gik ud ad døren, kom hun løbende efter os: "Undskyld, men du gav mig for mange penge!"

Jeg sagde: "Nej, jeg gjorde ikke. Det er drikkepenge. Det er, så du ved, at du klarer det helt fint." Man kunne se, hvordan det strålede i hendes univers.

En anden gang gik jeg rundt i New York på vej til frokost, og der sad en ung fyr på fortovet med et stort, åbent sår på benet og en dåse foran ham. Ingen puttede penge i dåsen. På min vej tilbage fra frokost puttede jeg 150 kr. i dåsen uden at kigge på ham. Han udbrød: "Mange tak, hr.! Gud velsigne dig! Mange tak!" Jeg kunne mærke energien stråle ud af ham, fordi nogen havde set og anerkendt ham og givet til ham uden at forventninger. Ikke en krone, ikke en femmer, ikke: "Okay, din lille bums..." Men nok til, at han faktisk havde råd til et ordentligt måltid.

Hvis du gør den slags ting, nedbryder du ideen om, at der ikke er overflod i verden. Det er op til dig at gøre det. Det er dig, der får det til at ske.

Dengang jeg blev skilt og flyttede ud af mit hus, havde jeg en masse antikviteter, som jeg ville sælge. Men i stedet for at gøre det gav jeg dem til min ven, antikvitetshandleren, som havde flere penge end mig. Jeg gav ham alle mine antikviteter, og det forvirrede ham totalt. Han kunne ikke forstå, hvorfor jeg gav noget til ham, fordi han havde mere end jeg. Hans synspunkt var, at man skal give til nogen, som har mindre end dig. Det er et koncept, du skal bevæge dig udover.

Når folk, som har masser af penge, går ud med mennesker, som har mindre, vil dem med færre penge som regel forvente, at de, der har flere penge, betaler. Jeg gør altid en dyd ud af at betale. De aner ikke, hvad de skal stille op med det. Jeg er ikke længere mindre end dem. Du kan også lege med dette. Betal regningen en gang i mellem. Se, hvad der sker.

Formålet med livet er at have det sjovt, og måske er formålet med penge at sprænge folks indgroede paradigmer. Det, du egentlig gør, er at leve ud fra ideen om, at universet er fuldt af uendelig overflod, og når du fungerer ud fra det, bliver alt i livet bedre.

MENNESKE ELLER HUMANOID: HVILKEN ER DU?

Noget af det, der har overrasket os i vores arbejde i Access, er bevidstheden om, at der lader til at være to arter på jorden, mennesker og humanoider.

Mennesker lever i konstant fordømmelse af alle andre og tænker, at livet bare er, som det er, intet er nogen sinde rigtigt, og de gider ikke overveje, om der kunne være en anden mulighed.

Humanoider er altid på udkig efter måder at gøre tingene bedre. Hvis du opfinder noget, hvis du finder på nye ting, hvis du altid kigger efter en bedre og større måde at skabe noget på, så er du humanoid, ikke et menneske. Humanoider er dem, der skaber forandringer. De laver opfindelserne, musikken og poesien. De skaber alle de forandringer, der bunder i utilfredsheden med status quo.

"Altså, hvis bare du ville anskaffe dig et TV..."

For humanoider er det en stor lettelse at vide, at vi altid bliver dømt og aldrig passer ind. Vi prøver så hårdt, men vi kan ikke få os til at passe ind i menneskets støbeform. De fleste af os prøver desperat at forstå og passe ind i den menneskelige virkelighed om penge – og alt andet. Folk siger til os: *"Altså, hvis bare du ville anskaffe dig et TV, en ny bil og et fast job, så ville det gå fint."*

Formålet med at fortælle om forskellene mellem mennesker og humanoider er ikke at dømme mennesker. Det handler om at blive bevidst om, hvordan vi humanoider dømmer os selv.

Humanoider dømmer sig selv

En af de vigtigste ting at vide om humanoider er, at de dømmer sig selv. Humanoider tænker, der er noget galt med dem, fordi de ikke er som alle andre omkring dem. De spørger sig selv: *"Hvad er der galt med mig, siden jeg ikke kan gøre det rigtigt? Hvorfor kan jeg ikke være som de andre? Hvorfor er jeg ikke tilfreds med mindre? Hvad er der galt med mig?"* De dømmer sig selv i stor stil. De undrer sig over, hvorfor de ikke kan forstå det, alle andre forstår, og gøre som alle andre.

Når nogen lyver over for en humanoid eller gør noget forkert mod dem, vender humanoider det hele rundt og kigger efter, hvad de selv har gjort galt. De gør sig selv forkerte, og den anden person rigtig. En af mine humanoide venner, der længe havde haft en forretning sammen med en anden, fortalte en dag, at forretningen aldrig lavede nogen penge.

Jeg sagde: *"Der er noget galt her. Du må hellere kigge på regnskabet. Jeg tror, din partner snyder dig."*

Han sagde: *"Ej, han kunne aldrig finde på at snyde mig."*

Jeg spurgte ham: *"Kan du undersøge det?"*

Han besluttede sig for at undersøge regnskabet nærmere, og da hans forretningspartner fandt ud af, hvad han lavede, blev han meget vred og kom med en masse anklager mod ham. Min vens reaktion var at dømme sig selv voldsomt for at være så illoyal, at han kunne finde på at tvivle på sin partner.

En måned senere fandt min ven ud af, at hans partner snød ham.

Min humanoide ven reagerede på opdagelsen om, at hans partner snød ham, ved at dømme sig selv endnu mere. Hans menneske-partners svar var derimod: *"Det er alt sammen din skyld! Hvis du ikke var så elendig en partner, ville alt det her aldrig være sket!"*

Dette er alt, der er

Mennesker har ikke den fjerneste idé om, at de er uendelige væsener med uendelige muligheder. De tror ikke på reinkarnation. De tror, dette er alt, der er. De siger sådan noget som: *"Du lever, du dør, og så bliver du spist af orme."*

Jeg talte med min stedfar - som helt sikkert var et menneske - efter han havde haft et hjerteanfald. Jeg sagde: *"Far, hvordan var det for dig at have et hjerteanfald?"* Ingen havde stillet ham det spørgsmål.

Han sagde: *"Altså, jeg husker, at jeg fik et hjerteanfald og stod ved siden af min egen krop og kiggede på den..."* Han begyndte at mumle om noget andet og begyndte så forfra igen.

"Altså, jeg fik et hjerteanfald, og så så jeg, de satte elektroder på mit bryst og gav mig stød..." Igen stoppede han midt i sætningen, ventede et øjeblik, og begyndte så forfra igen.

"Altså", sagde han endelig, *"jeg fik et hjerteanfald, og så satte de elektroder på mig bryst og gav mig stød."*

Han kunne ikke have en virkelighed, hvor han var uden for sin krop og kunne betragte disse ting ske. Det var et godt eksempel på det, der sker, når folk ikke kan håndtere det, der ikke passer til deres holdninger om virkeligheden. Hans virkelighed var, at du er i en krop, og det er alt, der er. Et menneske kan aldrig have noget, der ikke matcher det synspunkt. Dette er alt, der er. Mennesker tror ikke på andre muligheder. De tror ikke på mirakler eller magi. Læger, advokater og indianerhøvdinger skaber det hele. Mennesker skaber intet.

47 % af befolkningen er humanoid, og det er dem, der skaber alt, der forandrer sig i denne virkelighed på planeten jorden. 52 % er mennesker. (Og den sidste 1 %? Dem fortæller vi jer om en dag!) Mennesker holder fast i, at tingene skal være, som de er, og de har aldrig lyst til, at noget skal forandre sig. Har du nogen sinde været i et hus, hvor man ikke har skiftet møbler i 30 år? Mennesker.

Mennesker bliver boende i det samme kvarter, indtil det bliver et dårligt kvarter, og i stedet for at flytte sætter de tremmer for vinduerne for at holde de kriminelle ude af huset. Og hvem kigger ud af tremmerne? Undskyld mig, du har lige sat dig selv i fængsel som en anden kriminel! Mennesker er dem, som fælder alle træer og planter, så de kan bygge huset om. De dræber alt for at kunne skabe. *"Det er bare sådan, det er,"* siger de. *"Vi slår alt ihjel, og alt kommer til at gå godt."*

Mennesker dømmer andre, fordi alt i deres liv drejer sig om at dømme, om beslutninger, tvang og anstrengelser. Det er det eneste sted, de skaber fra. Tænk på en person, du kender, som er et menneske. Mærk bevidstheden af ham eller hende. Føl nu bevidstheden af en sten. Hvilken er lettest? Stenen? Okay. Der er mere bevidsthed i en sten, så hvorfor skulle vi hænge ud med mennesker? Vi har alle venner og familie, som er mennesker, men de dømmer os og fortæller os, at vi er forkerte for alt, hvad vi gør. Menneskers fordømmelse af os bliver forstærket af det faktum, at vi humanoider har en tendens til at dømme os selv.

Anerkend, at du er humanoid

Hvad sker der, hvis du ikke tager ejerskab over alle dine humanoide kapaciteter? Hvis du ikke forstår og anerkender, at du er humanoid, forsøger du at skabe ud fra et menneske-synspunkt. Du tror på – og skaber – begrænsede muligheder for dig selv. Et menneske siger: *"Vis mig alle trinene,"* og følger omhyggeligt hvert skridt et ad gangen. Men du som humanoid har evnen til at zoome fra A til Z på et splitsekund. Du kan få alt, du ønsker på et øjeblik, men de fleste af os vil ikke tage ejerskab over denne mulighed for os selv. Vi forsøger at finde os til rette i en eksistens som menneske.

Det er en fejltagelse, fordi mennesker er tilfredse med status quo, og de vil ikke have, at noget forandrer sig – og humanoider vil gerne udvide deres verden, leve i overflod og være kreative. Hvis du er interesseret i udvidelse og i at have et liv, der er fyldt med overflod, komfort og kreativitet, så hold op med at forsøge at presse dig selv ind i en menneske-form. Anerkend, at du er humanoid – og kræv og tag ejerskab over din kapacitet til at være blandt de rige og berømte.

HUMANOIDER, ARBEJDE OG PENGE

Humanoider arbejder ikke for penge

En af de meget interessante forskelle mellem mennesker og humanoider er, at humanoider ikke arbejder for penge. Når en humanoid skaber noget eller udfører en service, og en anden person virkelig modtager det, føler de sig fuldendte. For dem er det udvekslingen. De siger: *"Wow, hvor sejt!"* Og så er de færdige med det. Deres gave er blevet accepteret. Det er afslutningen på udvekslingen. Deres energi omkring det er fuldendt.

Penge har intet at gøre med en humanoids kreative kapacitet eller motivation. Penge er et biprodukt. Det er et sekundært resultat. Det er ligesom lort. De fleste humanoider ville foretrække ikke at skulle have noget at gøre med penge og ikke give det opmærksomhed, fordi det ikke har noget at gøre med deres kreative kapacitet. For dem er arbejdet, eller selve det at skabe, den sjove del. Når de har skabt noget, kigger de sig omkring og spørger: *"Hvad kan jeg ellers skabe?"* At skabe bevæger deres energi. Al energien i en humanoids univers går til at skabe.

Fordi du er humanoid – og det tror vi, du er – er det vigtigt at være bevidst om dette. Hvis ikke du er villig til at modtage biproduktet af det arbejde, du udfører, får du ikke nogen penge. Du kommer rent faktisk til at skubbe dem væk. Du afholder pengene fra at komme ind. Du afviser at få dem, selvom det er dine. Du beder ikke om at få dem.

Når tiden er inde til at bede om pengene, spørger humanoider: *"Øhm... Vil du gerne betale nu eller senere?"* Det er svært for dem at tage imod penge for deres arbejde, for de ønsker i virkeligheden bare, at deres gave bliver modtaget.

For mennesker, derimod, står det helt klart, at de arbejder for penge. En entreprenør eller landudvikler kan ødelægge alle træer og alt, hvad der lever på et stykke jord og bygge noget nyt ud af beton på det, alene på grund af de penge, han vil få for det. Han kan gøre det for penge.

Humanoider kan blive forvirrede, fordi de ikke kan gøre noget for penge, også selvom de vokset op med det synspunkt, at: *"Du gør kun noget for penge, og hvis du ikke bliver betalt for det, er det ikke værd at gøre."* Vi forsøger at passe ind i en menneske-virkelighed med penge, og det volder os meget besvær. Vi er nødt til at forstå, at vi som humanoider har et andet perspektiv, og vi er også nødt til at være villige til at modtage biproduktet af vores indsats. Vi er nødt til at være i stand til at bede om – og modtage – penge.

Kapitel seks:

FEJR DIN OVERFLOD

TAGER DU DEL I UNIVERSETS FATTIGDOM I STEDET FOR DETS OVERFLOD?

Nogle mennesker føler, de har modtaget mere i livet, end hvad der retmæssigt må være deres andel. De lever i fordømmelse af dem selv, fordi de har modtaget mere end andre. De har lært, at de bør dele alt, og at ingen bør have mere end andre. I deres familie blev kagen skåret ud i lige store stykker, undtagen til far. Han fik som regel et større stykke, fordi han var familiens forsørger.

Er det muligt, du har købt ind i en lignende historie? Lever du efter en virkelighed baseret på lige andele til alle? Tager du del i universets fattigdom i stedet for dets overflod? Lad mig stille dig et spørgsmål: Hvad er der galt med at tage del i universets overflod i stedet for dets fattigdom? Vil du ikke gerne opgive at lade fattigdom være sandheden om dig? Vil du ikke hellere tage del i universets enorme overflod?

Du er total overflod

Har du haft livstider, hvor du var vanvittigt rig? Ja, du har. Undrer du dig konstant over: *"Hvor i alverden bliver pengene af i denne livstid? De burde være dukket op nu, for pokker!"*

Har du haft livstider, hvor du var totalt flad? Det kan du tro. Hvor mange livstider har du haft, hvor du kun lige akkurat overlevede? Fortsætter du med blot at overleve? Er du villig til at opgive blot at overleve som synspunkt?

Få fat i den følelse, du har haft af: *"Åh gud, jeg kan knap nok overleve."* Gør den uendelig, større end universet. Hvad sker der med den? Bliver den mere solid, eller forsvinder den? Den forsvinder, hvilket betyder, at det er en løgn. Som et uendeligt væsen kan du ikke blot overleve. Du er total overflod.

Selv på Jorden er universet et sted med en utrolig overflod. Den eneste grund til, der findes bare pletter, er fordi mennesker har været dumme nok til at tage alt fra Jorden. Naturen fylder hver eneste centimeter med noget. Hvis du går ud i ørkenen, er der så tomt? Nej. Selv i ørkenen er der liv over alt. Der er alle mulige slags planter, insekter og dyr. Hver eneste centimeter er dækket med noget.

Hvordan kan du leve uden at være overflod? Det gør du ved at købe ideen om, at der er mangel. Du adopterer det synspunkt, at der ikke findes overflod, fordi du ikke er i stand til at regne ud, hvor det skal komme fra. Du ser ikke, at der faktisk findes overflod overalt omkring dig.

Vi tror, at: *"I fremtiden kommer jeg til at have penge,"* eller: *"Engang i min fortid havde jeg penge,"* men vi ser ikke, at vi er i total overflod nu.

Tror du på, at penge kan være her, lige nu?

Luk øjnene lige nu og se penge komme mod dig. Kommer de bagfra, forfra, fra højre eller venstre, eller ovenfra eller nedefra? Hvis du ser penge komme forfra, tror du, at penge vil komme til dig i fremtiden.

Men hvornår ankommer fremtiden? Aldrig. Du kigger altid efter penge foran dig. Du er ligesom et æsel, der løber efter en gulerod. Du er altid på vej mod noget, der skal ske i fremtiden.

Hvis du ser penge komme til dig fra højre, er synspunktet, at du er nødt til at arbejde hårdt for dem. Hvis de kommer fra venstre, er dit synspunkt, at penge vil blive givet til dig. Nogen vil give dig noget, så du vil blive rig.

Ser du penge komme bagfra? Det betyder, du havde penge engang, men du har dem ikke længere.

Hvis du så penge komme fra oven, betyder det, at du tror, Gud skal give dig penge, fordi ingen andre vil.

Ser du penge komme fra Jorden og op? Så må du hellere blive landmand, fordi det er der, du tror, pengene vil komme fra. De kommer til at vokse under fødderne på dig. Eller du kan blive minearbejder og lede efter opaler og finde penge på den måde.

Hvordan ville det være, hvis penge kom til dig fra alle retninger?

Hvordan ville det være, hvis penge kom til dig hele tiden og fra alle retninger? Mærk, hvordan det ville være lige nu. Gør den fornemmelse uendelig, større end universet. Får den mere fylde eller mindre? Bevar fornemmelsen, og du vil have flere penge i morgen.

Ideen med denne visualisering er at få klarhed over, hvor du tænker, penge kommer fra. Hvis du tror, penge kommer til dig i fremtiden, er du ikke åben for, at de kan komme her og nu. Hvis du altid har blikket rettet mod dagen i morgen, hvornår kan du så betale regningerne fra i dag? I morgen eller i går, eller også bliver de slet ikke betalt. Dette fastholder dig i en cyklus, hvor du kæmper for at klare det, du skal, i stedet for at være til stede med det, der er tilgængeligt for dig.

Hvis du virkelig var bevidst, hvis du var i samhørighed med alting, hvis du var den humanoid, du virkelig er, og hvis du ville fungere ud fra kvaliteterne af tid, rum, dimensioner og virkeligheder, hvor ingen fordomme kan eksistere, så kunne penge blot være en del af dit liv i stedet for målet med det hele.

Gæt, hvad det at have penge handler om?

De fleste mennesker gør penge til et mål i sig selv eller et behov. De kan finde på at sige: *"Hvis bare jeg havde ____,"* eller: *"Hvis jeg blot havde ____,"* eller: *"Penge vil gøre mig ____."* Intet af dette er virkeligt. Det er alt sammen ideer, vi har brugt i stedet for at tillade os selv at have alt i livet, der er muligt for os. Når du gør det, gør du penge til noget, der er vanvittigt signifikant i stedet for at se det som en blomst, der vokser i din have. Hvis du bruger lige så meget tid på at drage omsorg for penge, give dem næring, gøde dem, vande dem og tage dig af dem på samme måde, som du tager dig af dine blomster, tror du så ikke, de ville vokse i dit liv? Jeg foreslår ikke, du planter penge i jorden, men jeg ved, det virker, hvis du tænker på dem på samme måde. Er du nødt til at være i stand til at modtage penge? Absolut. Du skal være åben for at modtage. Gæt, hvad det at have penge handler om? Evnen til at modtage.

Hvad med at være selvstændig og kunne klare sig selv?

Nogle gange spørger folk mig: *"Hvad med at være selvstændig og kunne klare sig selv?"* Jeg spørger dem: *"Hvorfor vil du gerne kunne klare dig alene? Vil du ikke hellere modtage alting?"* Alt er muligt, når du er villig til at modtage.

De fleste af os har truffet beslutninger som: *"Jeg kan kun regne med mig selv,"* hvilket betyder, at vi er helt alene. Når du er overbevist om, at: *"Jeg er selvstændig, jeg er helt alene, jeg klarer alting selv,"* hvor meget er du så villig til at modtage? Intet. Du har så travlt med at bevise, at du er nødt til at klare alting selv, at du ikke vil lade andre bistå dig med at skabe penge. Du fungerer ud fra: *"Jeg skal bevise, jeg ikke har brug for nogen. Jeg er ligeglad med, hvad du siger! Jeg har ikke brug for dig! Gå væk!"*

Sandheden er selvfølgelig, at penge godt kan lide at tjene dig. Penge tror, det er dets job at være din slave. Det vidste du ikke, vel? Penge tror, det skal stå til tjeneste. Når nogen tror, at de skal stå til tjeneste, er de din slave eller din tjener. Er du villig til at opgive at være en slave af penge og lade penge stå til din tjeneste fra nu af?

HVAD HVIS DU FEJREDE LIVET HVER DAG?

Hvis du ikke fejrer livet, hvis du ikke gør dit liv til en fejring, men i stedet skaber dit liv, så det handler om forpligtelse, arbejdet, traumerne, dramaerne, bekymringerne og intrigerne, hvad viser sig så i dit liv? Mere af det samme. Men hvis du begynder at gøre dit liv til en fejring, vil andre muligheder vise sig.

Da min ekskone og jeg blev skilt, var det mig, der flyttede ud af vores hus, og jeg tog kun ganske få ting med mig. Jeg forlod huset med et godt spisestel ud af fire, et sæt bestik i Sterling sølv ud af fem, en stegepande, en spatel, en ske og et udskæringssæt, der havde tilhørt min far. Jeg tog et gammelt sæt tallerkener med, et min ekskone ikke kunne lide, som alle sammen havde skår, et par skæve, gamle glas, ingen ville have, og et par kaffekrus grimmere end arvesynden. Det var alt, jeg tog med af køkkentøj. Det var det, jeg havde med mig, da jeg flyttede ind det nye sted.

Jeg satte det pæne spisestel væk og gemte det til fester og middage, jeg skulle holde en dag. Jeg var sikker på, jeg skulle være vært for seksten gæster omkring mit lille, runde bord. Og jeg satte alle de gamle, grimme ting, jeg havde med, ind i køkkenskabet.

En dag kiggede jeg på det og sagde: *"Vent nu lidt! Jeg gemmer alt det her for at kunne fejre en dag i fremtiden, mens jeg lever som en fattig. Hvis liv er jeg i gang med at leve? Mit? Jeg vil have, at mit liv er en fejring!"*

Jeg tog det fine spisestel ud og tænkte: *"Hvis jeg smadrer en skål i morgen, når jeg spiser cornflakes, så vil det koste mig 250 kr. at erstatte den. Og hvad så? Hvis jeg smadrer mine tallerkener, vil det koste mig*

100 kr. stykket at erstatte dem. Og hvad så? Jeg vil bruge det georgianske bestik i Sterling sølv. Mine skeer koster 2.300 kr. stykket. Jeg er det værd!"

Jeg gik ud og købte krystalglas til at drikke af. Ikke mere af de der tykke, gamle glas, som ikke engang gik i stykker, hvis du kastede dem på gulvet. Jeg ville have noget, som splintrede i mange stykker, hvis jeg væltede det ved et uheld.

Livet skal være en fejring. Hvis du ikke fejrer dit liv, lever du ikke. Livet skal være en orgasmisk oplevelse hver dag. Du skal ikke leve med noget, som du bare finder dig i, noget, du er nødt til at gøre og det, som er til overs. Har du tænkt dig at tilbringe dit liv som en sørgelig omgang efterladenskaber, der er blevet til overs, eller vil du skabe dig selv som en fejring?

Jeg har champagne – ikke billigt sprøjt – men god champagne, mindst fem flasker, i mit køleskab til enhver tid. Nogle gange får jeg kage og champagne til aftensmad, bare fordi jeg kan.

Hvis du gør dit liv til en fejring, hvis du ser efter glæderne i livet i stedet for hverdagens trummerum, skaber du en helt anden virkelighed. Er det ikke det, du i virkeligheden gerne vil have?

I dag bør være den bedste dag i dit liv

Engang var jeg til min svogers 40-års fødselsdag, og alle mændene hang ud i stuen og talte om, hvordan den bedste del af deres liv var dengang, de var 18 år og gik i gymnasiet. De havde fede biler og dyrkede en masse sport. Alle kvinderne stod i køkkenet og talte om, hvordan den bedste del af deres liv var dengang, deres børn blev født. Da det blev min tur, spurgte de mig: *"Hvornår var den bedste del af dit liv?"*

Jeg svarede: *"I dag - og hvis det ikke var, ville jeg skyde hovedet af mig selv!"* Efter det var jeg ikke særligt populær. I dag bør være den bedste dag i dit liv. Hvis i dag ikke er den bedste dag i dit liv, hvorfor pokker er du så i live?

Bare i dag skal mit liv være en fejring

Mind dig selv om hver morgen at leve dit liv som en fejring. Vær på udkig efter livets glæder. Sig til dig selv hver morgen: *"Bare i dag skal mit liv være en fejring,"* og hold øje med de muligheder, der dukker op.

BED OM AT HAVE STORHED I DIT LIV

Spørg, og du skal modtage, er en af de sandheder, der står i Biblen.

Så hvad spørger du efter? Din egen storhed? Hvis du beder om, at din egen storhed skal komme frem, vil der komme alle mulige andre ting til dig også. Spørg efter dit livs storhed. Spørg efter glæden og fejringen af dit liv. Lad være med at bede om penge, fordi penge har ikke noget at gøre med livets storhed. Det har du.

Hvis du spørger efter storheden i dit liv, hvis du spørger efter storheden af, hvem du virkelig er, og hvis du beder om, at dit liv skal være en fejring, så vil du have uendelige muligheder. Hvis du kun beder om penge, dukker der ikke noget op, fordi penge ikke er energien. Penge er kun det værktøj, du bruger, for at nå derhen. Spørg efter din egen storhed.

Hvis du har modet til at spørge, kan du modtage.

NÅR ALT KOMMER TIL ALT, HVAD HAR DU SÅ EGENTLIG?

For nylig blev nogle overlevende efter en orkan på Golfkysten interviewet på TV. Journalisten talte med en fyr, hvis hjem var blevet ødelagt, og spurgte ham: *"Hvordan har du det efter orkanen?"* Og manden svarede: *"Altså, jeg flyttede her til Golfkysten med alt, hvad jeg ejer og har, alle mine familiebilleder, alt, jeg troede havde værdi for mig, og nu har jeg kun en ruin. Men ved du hvad? Jeg har stadig mig!"*

Det samme skete efter et stort jordskælv i Californien. En journalist spurgte en fyr: "Hvordan har du det efter jordskælvet?" Og manden svarede: "Min kone og jeg lå i soveværelset på tredje sal i vores lejlighed. Jeg sov tungt. Jeg havde ikke en trævl på kroppen. Pludselig kom der en kraftig rystelse, og så lå jeg på jorden. Jeg anede ikke, hvor noget var, men ved siden af mig lå der et par shorts, så dem tog jeg på. Min kone fandt sin morgenkåbe liggende ved siden af hende. Det eneste, vi ellers kunne finde, var et billede af min kone, fra da vi blev gift. Vi anede ikke, hvor noget var. Vi kunne ikke finde noget som helst. Men ved du hvad? Vi har stadig hinanden."

Når alt kommer til alt, hvad har du så egentlig?

Dig.

Du er udgangspunktet for dit liv. Du er udgangspunktet for at skabe dine penge, din velstand, dine kræfter og alt andet. Uanset hvilken katastrofe, der rammer dig, uanset hvad, der forsvinder eller går tabt, så vil du altid have dig. Du er udgangspunktet for alt, der sker i dit liv.

DU KAN ÆNDRE DEN MÅDE, PENGE FLYDER IND I DIT LIV PÅ

- Læg 10 % til side af din indkomst. Giv tiende til din egen kirke.
- Hav masser af penge på dig – men lad være med at bruge dem.
- Brug spørgsmålet om, hvad du skal opfatte, vide, være og modtage i flere dage – eller flere uger – indtil du ser en forandring. Det er et rigtigt godt værktøj til at blive bevidst om, hvad der begrænser dig. *Opfatte, vide, være og modtage hvad jeg afviser, ikke tør, aldrig må og også skal opfatte, vide, være og modtage, som vil tillade mig at have total klarhed og lethed med _____*. Eller du kan bruge en forsimplet version: *"Hvad skal jeg opfatte, vide, være og modtage, der vil tillade mig at _____?"*

- Lad være med at dømme dig selv. Forstå, at du er humanoid. Det giver dig en uretmæssig fordel i forhold til resten af verden. Brug den! Afspejler dit liv det? Har du masser af penge? Det kommer du til have.

- Når du begynder at dømme dig selv, så spørg: *"Er det her mit?"* 98 % af dine tanker, følelser og emotioner tilhører ikke dig. Du opfatter langt mere, end du anerkender dig selv for. Når du begynder at bruge spørgsmålet: *"Er det her mit?"* vil det stå meget klart for dig, at du ikke har nogen tanker. Du er sådan set et tankeløst væsen.

- Lev dit liv i bidder af ti sekunder. Hvis du ikke lever i bidder af ti sekunder ad gangen, lever du ikke ud fra valg. Hvis du konstant skaber dit liv i bidder af ti sekunder, kan du ikke lave nogen fejltagelser. På ti sekunder kan du træffe en dum og sindssyg beslutning, og ti sekunder senere kan du lave den om.

- Brug energistrømme. Hvis du forsøger at forbinde dig med nogen, eller du gerne vil have, de betaler dig de penge, de skylder dig, så træk energi fra dem gennem hver eneste celle i din krop og din væren og lad en lille strøm gå tilbage til dem, så de ikke kan holde op med at tænke på dig. De kan ikke finde ro. Det vil drive dem til vanvid, indtil de betaler dig.

- Vær opmærksom på det, du skaber. Gør det dig glad? Hvis noget i dit liv bliver ved med at vise sig på en bestemt måde, så er der noget ved det, du elsker. Hvis livet bliver ved med at vise sig uden penge, ingen venner eller ingen-hvad-som-helst, er det fordi, der er noget ved det, du elsker at skabe. Når først du anerkender, at: *"Okay, åbenbart elsker jeg det her, jeg ved ikke hvorfor, men okay, jeg elsker det,"* så kan tingene begynde at ændre sig.

- Lev i spørgsmålet. Et spørgsmål styrker. Et svar svækker. Hvis det, du får i livet, ikke er det, du gerne vil have, så læg mærke til, hvad du virkelig beder om, og hvad du får. Hvordan ændrer du det? Stil et andet spørgsmål. Når du stiller et spørgsmål, gør universet alt for at give dig svaret. Lad være med at sige: *"Åh gud, mit liv er forfærdeligt!"* Spørg i stedet: *"Hvad er de uendelige muligheder for, at der dukker noget andet op i mit liv?"*

- Når der kommer penge ind i dit liv, spørg: *"Hvordan bliver det bedre end det?"* Når der dukker en regning op, spørg: *"Hvordan bliver det bedre end det?"* (Måske finder du ud af, det var en fejl). Bliv ved med at spørge: *"Hvordan bliver det bedre end det?"* Uanset om det er godt eller dårligt, og universet vil gøre alt, hvad det kan, for at gøre det bedre.

- Sig: *"Alt i livet kommer til mig med lethed og glæde og herlighed."* Det er vores mantra i Access: Alt i livet kommer til mig med lethed og glæde og herlighed. Det er ikke en affirmation, fordi det ikke handler om bare at have det, der er positivt. Det inkluderer det gode, det dårlige og det grimme. Vi tager det hele med lethed og glæde og herlighed. Intet behøver at være smertefuldt eller fyldt med lidelse og grusomheder, selvom det er sådan, de flest af os lever vores liv. Du kan have det sjovt i stedet for! Hvad hvis meningen med livet kun var at have det sjovt? Alt i livet kommer til mig med lethed og glæde og herlighed. Sig det ti gange om morgenen og ti gange om aftenen, og det vil ændre dit liv. Hæng det op på spejlet på dit badeværelse. Sig til din kæreste, det hænger der, fordi du skal huske det. Det vil også ændre din kærestes liv, fordi han eller hun er nødt til at se på det.

- Træf en beslutning for dig selv om, at uanset hvad der skal til, så vil du ikke købe ind i dit gamle synspunkt. Du vil ikke fortsætte med at leve et lille og begrænset liv.

- Skab dit liv som en fejring hver dag. Sig hver morgen: *"Bare i dag skal mit liv være en fejring,"* og hold øje med de nye muligheder, der dukker op.

TIL LÆSERNE

Den information, du bliver præsenteret for i bogen her, er kun en lille smagsprøve på, hvad Access kan tilbyde. Der findes et helt univers af Access processer og kurser. Hvis du har områder i dit liv, der ikke fungerer på den måde, du ved er muligt, så overvej at tage et Access kursus eller kontakt en Access facilitator, som kan arbejde sammen med dig for at give dig større klarhed over, hvad du måtte have problemer med. Access processer udføres med en trænet facilitator og er baseret på din energi og energien af den person, du arbejder med.

For mere information, besøg:
www.accessconsciousness.com

ORDLISTE

Access Bars®
Bars er en Access proces, der involverer et let tryk på en række kontaktpunkter på hovedet. Hvert punkt svarer til et aspekt af tilværelsen. Der er punkter for glæde, tristhed, krop og seksualitet, bevidsthed, venlighed, taknemmelighed, fred og ro. Der er endda også en penge-Bar. Disse punkter kaldes for Bars (da. stænger), fordi de løber gennem hovedet fra den ene side til den anden.

"Clearing Statement" (POD/POC)
"Clearing Statement", som vi bruger i Access, er: Right and wrong, good and bad, POD and POC, all 9, shorts, boys, POVADs and beyonds' (oversættes ikke).

Right and wrong, good and bad (Rigtig og forkert, godt og skidt) er den korte form af: Hvad er godt, perfekt og korrekt ved dette? Hvad er forkert, ledt, ondt, forfærdeligt, skidt og rædselsfuldt ved dette? Hvad er rigtigt og forkert, godt og skidt?

POC (point of creation) er punktet, hvor tankerne, følelserne og emotionerne blev skabt, lige før du besluttede et eller andet.

POD (point of destruction) står for destruktionspunktet, lige inden du besluttede dig for et eller andet. Det svarer til at trække det nederste kort ud af et korthus. Det hele styrter sammen.

All 9 (Alle ni) står for ni lag af skidt, der blev renset ud. Et eller andet sted i disse ni lag må der da være en skjult skat, for du ville ikke gemme så meget lort ét sted uden at have en skat der. Det er lort, du selv har samlet sammen, hvilket er den skøre del af det.

Shorts (det korte) er den korte version af: Hvad er meningsfuldt ved dette? Hvad er meningsløst ved det? Hvad er straffen for det? Hvad er belønningen for det?

Boys (drenge) står for nukleare sfærer. Har du nogensinde set en af de piber, ungerne blæser sæbebobler med? Man blæser i den og skaber en masse bobler. Når man punkterer én, er der straks andre bobler, der fylder den tomme plads.

POVADs er de synspunkter, du undgår og forsvarer og derved fastholder eksistensen af. Hvilke synspunkter forsvarer og undgår du, som holder dette på plads? Alt, hvad det er, gange en fantasillion, vil du ødelægge og tilintetgøre det? Right and wrong, good and bad, POD and POC, all 9, shorts, boys, POVADs and beyonds.

Beyonds er følelser eller sansninger, man får, der får ens hjerte til at gå i stå, stopper dit åndedrag eller standser din villighed til at se på muligheder. Det er, som når din virksomhed har en rød bundlinje, og du får den sidste advarsel, og du udbryder: *"Argh!"* Du forventede det ikke lige der. I stedet for at sige: *"Brug the clearing statement,"* siger vi nogle gange bare: *"POD og POC det."*

Væren
I denne bog bruges væren nogle gange til at referere til dig som det uendelige væsen, du virkelig er, i modsætning til det konstruerede synspunkt om, hvem du tror, du er.

www.ingramcontent.com/pod-product-compliance
Lightning Source LLC
Chambersburg PA
CBHW010854090426
42736CB00019B/3452